Anne Dreesbach

101 SACHEN MACHEN MIT HUND

Alles, was ihr in & um MÜNCHEN erlebt haben müsst

J. BERG

Inhalt

SHOPPING MIT DEM HUND

DER UNTERNEHMUNGSLUSTIGE HUND

DER MODISCHE HUND

DER GEPFLEGTE UND GESUNDE HUND

DER REISENDE HUND

HUNDEFREUNDLICHE GASTRONOMIE

DER PROMIHUND

HUNDESITTER

GUTES TUN

HIGHLIGHTS, GEHEIMTIPPS, KURIOSES

Bildnachweis

Alle Aufnahmen stammen von der Autorin, außer:
Shutterstock: S. 11: Pani Garmyder; 16: Alberto Masnovo; 20: ar14; 21: Martin Mecnarowski; 25u.: Pine_App; 26: FooTToo; 29: Lauredin; 34: Maria_Andreevna; 35: Ivanova N; 37o.: Rocktrailfilm; 37u.: dezy; 40: cctm; 41: Pommy; 48: The Dog Photographer; 51: Nomad_Soul; 56: ichywong; 63: Martin Prochazkacz; 64: Maddie A; 68: guentermanaus; 71: Alejandro Camacho B; 72: Robert Ruidl; 75o.: Chris Redan; 75u.: Altrendo Images; 76: el-ka; 78: Bernd Zillich; 79: Bildagentur Zoonar GmbH; 81: Rudy Balasko; 85o.: Pises Tungittipokai; 85u.: Jacob Lund; 89: War Beagle; 90o.: Chris Redan; 90u.: Michael Thaler; 93o.: Mufkinn; 93u.: Michael Thaler; 95: Dora Zett; 97: Bernd Schmidt; 98: Klaus Wagenhaeuser; 117: a katz; 121: Aleksey Boyko; 126o.: Jay Cupcake; 128: Anton Chernov; 129: Tobias Arhelger; 130: alexei_tm; 136: footageclips; 139: Katia Edmundson; 148: FooTToo; 152: Pressmaster; 155o.: Przemek Iciak; 156o.: Javier Brosch; 168: kremmedia. Weitere: 33o.+u.: Joachim Brodbeck; 44: BeuteFuchs; 45: Isartau; 47: Sebastian Arlt/Der verrückte Eismacher; 55: Christine Bregenzer; 59o.+u.: RAUBTIERSALON München; 60o.+u.: hundskerle; 82o.+u.: BergTierPark Blindham; 100+101: Blue Diva; 102o.: Haus des Hundes; 102u.: Isarstolz; 105o.+u.: Armin Hauke; 106: Il Cagnolino; 109: Zamperlsalon; 110o.+u.: Milan Prokic; 113: Hundesalon Tanaka; 114: NaturPfote; 118: Gut Ising; 122o.+u.: Hundesporthotel Wolf; 125: Dogotel; 126u.: Benjamin Olszewski; 131: Peter von Felbert; 132: Café Lotti; 144+147: Sammlung Jean Louis Schlim; 150: Andreas Mohaupt; 151: Stadtschnauzen; 153: Hundsviecherlgaudi; 155 Isarpfoten; 156u.: Die Fellnasen; 160: Johanniter/Gerhard Bieber; 163: Hundelieb; 164o.+u.: Wir retten Hunde e. V.; 167o.: Tierschutzverein München e. V.; 167u.: Oliver Bodmer; 171o.+u.: Tiertafel München e. V.; 172: Hansi Trompka; 175: Andrea Spaeth Fotodesign; 176: Petra Eckerl Tierfotografie; 179: Bavaria Filmstadt; 180o.+u.: Gut Aiderbichl; 183: St. Maximilian; 184o.: Daniel Hilmer; 184u.: Diana Menrath; 187: Zamperl Amore; 188o.+u.: MiDoggy; 191o.+u.: Landratsamt Erding. Umschlagvorderseite (v.l.n.r.): Bokalo/Shutterstock; Isarstolz; Blue Diva. Klappe hinten: alevtina.bulavskaya.ph/Shutterstock. Umschlagrückseite (v.l.n.r.): Joachim Brodbeck; BeuteFuchs; Altrendo Images/Shutterstock.

Einleitendes

München ist eine Hundestadt: Beinahe 40 000 Hunde leben hier, und Jahr für Jahr wächst ihre Zahl. München wurde vom Online-Magazin »Issn' Rüde« nach Hamburg und Leipzig auf den dritten Platz gewählt, was die Lebensqualität für Hunde und deren Besitzer betrifft – und das zu Recht, denn München ist im Vergleich zu anderen Großstädten eine hundefreundliche Stadt. Es gibt keine Maulkorbpflicht, das Leinengebot wird vielerorts sehr locker gehandhabt, und zumindest an der Leine darf der Hund sogar mit in den Tierpark Hellabrunn.

Zwar zählt der Dackel nicht wirklich zu den häufigsten Hunderassen in München (2018 waren 1646 Exemplare in München gemeldet, aber beispielsweise 4455 Terrier oder 1833 Möpse), aber nichtsdestotrotz lebt das Klischee: Zu gut passt der störrische Hund zu den Bewohnern der bayerischen Landeshauptstadt, ist mit ihnen grantig, leidet unter dem Föhn, sitzt gern in Biergärten und pflegt überhaupt die Tradition.

Die Münchner lieben Hunde, was sich auch daran zeigt, dass der bayerische Dialekt viele hübsche Begrifflichkeiten für des Menschen liebsten Freund parat hat, wie z. B. Zamperl oder Lumpi. Und Franziska Bileks Herr Hirnbeiß und sein Dackel Waldi werden wohl immer unvergessen bleiben.

Und weil München so eine hundefreundliche Stadt ist, kann man hier auch besonders viel mit seinem Vierbeiner erleben. Egal ob shoppen, schlemmen oder schwimmen – mögen Ihnen als enthusiastischen Münchner Hundebesitzern die Tipps, die in diesem Buch zusammengestellt sind, viel Vergnügen und wunderbare Abenteuer mit Ihrem Zamperl bereiten!

München, im Dezember 2019

Ein fürstlicher Park fürs Volk

ENGLISCHER GARTEN – EINE EINFÜHRUNG

Der Englische Garten ist eine der größten innerstädtischen Parkanlagen der Welt. 1789 beschloss Kurfürst Karl Theodor die Anlage eines Parks für das Volk, wohl auch weil er verhindern wollte, dass es in München zu sozialen Unruhen wie in Paris käme. Das Gebiet des Englischen Gartens war jedoch Überschwemmungsland, und es waren unglaubliche gartentechnische Leistungen von Nöten, um den Park anzulegen.

Seit den 1940er-Jahren trennt eine große Straße (heute der Ring) den Süd- vom Nordteil. 3,5 Millionen Touristen besuchen jährlich den Englischen Garten und dazu zahllose Münchner, aber mit einer Fläche von 130 Hektar, zahlreichen Seen und Bächen, mit über hundert Brücken und Stegen und knapp 80 Kilometern Wegen, davon zwölf Kilometern Reitwegen, ist genug Platz für alle da, auch für 50–60 Brutvogelarten, Igel, Eichhörnchen, Wildkaninchen, Feldhasen und Füchse. Der Besucher mit Hund sollte also Vernunft walten lassen; offiziell darf der Hund sowieso nicht von der Leine, aber das wird hier, wie oft in München, nicht so eng gesehen.

Im Englischen Garten gilt Leinenpflicht.

Schön wäre es, wenn es so bliebe! Daher sollte man vielleicht eher die nicht so überfüllten Teile im nördlichen Englischen Garten besuchen, auf Radfahrer Rücksicht nehmen und Hunde, die gern jagen, im Auge behalten und sie an den entsprechenden Stellen anleinen. Alles ist gut ausgeschildert, und am schönsten ist es, sich einfach treiben zu lassen und die kleineren Pfade zu wählen. Im Sommer können wasserbegeisterte Hunde hier auch wunderbar baden, denn an vielen Stellen gibt es kleine Buchten oder flache Einstiege.

LAGE: Englischer Garten, 80538 München
www.schloesser.bayern.de
Haltestellen: Giselastraße, Münchner Freiheit (U3, U6)

Aumeister und St. Emmeram

ENGLISCHER GARTEN – DER NORDEN

Man kann zum Entenfallweiher, zum Schwammerlweiher oder zum Libellenteich laufen, drei unglaublich romantische Plätze, die zudem sehr fotogen sind. Das Isarwehr ist sehenswert und auch das Neue Amphitheater, in welchem das Münchner Sommertheater zu Aufführungen einlädt. In der Schwabinger Bucht gibt es einen schönen Aussichtspunkt. Zur Einkehr bieten sich der *Aumeister* (wo man übrigens auch parken kann) und die *St. Emmeramsmühle* an: Der *Aumeister* ist ein richtiger Biergarten, die *St. Emmeramsmühle* ein Wirtsgarten (sprich: hier darf kein Essen mitgebracht werden), und im Winter kann man in beiden auch drinnen gemütlich sitzen. In unmittelbarer Nähe der *St. Emmeramsmühle* befand sich bis zum Jahr 1158 die von Heinrich dem Löwen zerstörte Brücke über die Isar, die einst im Besitz des Bischofs Otto von Freising war. Heinrich ließ deswegen weiter flussaufwärts eine Brücke über die Isar errichten, um dort selbst Zölle zu kassieren – um diese neue Brücke herum entstand München.

1978 wurde der Englische Garten mit St. Emmeram verbunden, einem Ortsteil von Oberföhring, um den Park für Fußgänger und Radfahrer leichter zugänglich zu machen. 2002 wurde die Brücke durch Brandstiftung bis auf die Brückenpfeiler aus Beton vollständig zerstört, 2003 aber wieder aufgebaut und 2005 offiziell eingeweiht. In unmittelbarer Nähe der Brücke befindet sich eine sehenswerte Skulptur des Bildhauers Rolf Nida-Rümelin, die den Hl. Emmeram zeigt.

LAGE: ***Aumeister*****, Sondermeierstr. 1, 80939 München**
www.aumeister.de
St. Emmeramsmühle**, St. Emmeram 41, 81925 München**
www.emmeramsmuehle.de
Haltestellen: Studentenstadt (U6), St. Emmeram (Tram 16, 17)

Hundebiergarten und Hirschau

ENGLISCHER GARTEN – DIE MITTE

In der Mitte des Englischen Gartens befindet sich das Tivoli-Kraftwerk, ein denkmalgeschütztes Wasserkraftwerk am Eisbach. 1895/96 erbaut, lieferte es von 1896–1931 Strom für die Lokomotivenfabrik Maffei, die 1838 von Joseph Anton von Maffei in der Hirschau gebaut worden war. Der Spaziergang dorthin ist lohnenswert und auch ein Besuch des Tivoli-Pavillons. Vom Stauwehr Oberföhring hat man einen wunderschönen Blick auf die Isar. Der Höhepunkt für jeden Hundemenschen aber ist das *Mini-Hofbräuhaus* zwischen Gyßling- und Schwedenstraße – es entpuppt sich als einer der hundefreundlichsten Orte Münchens! Bereits beim Betreten des Geländes erwartet die Gäste eine tierische Begrüßung. Und während Bello mit kalten Wienern und Wasser verköstigt wird, darf sich der Hundebesitzer über eine kostengünstige und üppige Speisekarte freuen. Man munkelt sogar, es gebe hier den besten Schweinsbraten der Stadt! Die Hunde sollten es halt aushalten können, dass an fast jedem Tisch ein weiterer Hund sitzt, mit dem sich jetzt gerade weder spielen noch raufen lässt. Und die Menschen müssen Nerven bewahren, wenn es zwischen den Hunden mal rauscht.

Wem das *Mini-Hofbräuhaus* zu trubelig ist, der kann die Gaststätte Hirschau besuchen: Für die in der erwähnten Maschinenfabrik tätigen Fabrikarbeiter gab es hier einen Ausschank; später gesellten sich Ausflügler aus der Stadt dazu, und das Wirtshaus entstand. Hier war übrigens auch Gustav Aschenbach im »Tod in Venedig« zu Gast, und somit sicher also auch sein geistiger Vater Thomas Mann.

LAGE: *Mini-Hofbräuhaus*, Gyßlingstr. 59, 80805 München
www.minihofbraeuhaus.de
Hirschau, Gyßlingstr. 15, 80805 München
www.hirschau-muenchen.de
Haltestelle: Nordfriedhof (U6)

Eisbachwelle und Goldene Bar

ENGLISCHER GARTEN – DER SÜDEN

Der südliche Teil des Englischen Gartens ist für die meisten einfach der Teil des Parks mit all den Attraktionen, die weltweite Berühmtheit erlangt haben: Eisbachwelle und kleine Eisbachwelle, Chinesischer Turm samt Biergarten, Kleinhesseloher See mit Seehaus, Monopteros, Japanisches Teehaus, Steinerne Bank, Burgfriedensäule und Rumfordschlössl. Hier tummeln sich an sonnigen Tagen so viele Menschen wie am Stachus: Lachyoga-Gruppen, Touristen, Radlfahrer, Rikschas, Fußballteams, Menschen, die Picknick machen, Musik hören oder einfach nur chillen, nackt und angezogen Badende, Reiter … Es macht aber trotzdem Spaß, hier mit Hund unterwegs zu sein und den Trubel und die Sehenswürdigkeiten zu genießen, die auch alle mit Hund zu besichtigen sind. Und wenn man ein wenig von den eingetretenen Wegen abweicht, ist schnell wieder Platz zum Laufen für den Hund, auch ohne Leine. Zudem sind die meisten Besucher im Englischen Garten ganz entspannt und akzeptieren, dass Hunde ein Teil des Parks sind.

Einkehren kann man in den Klassikern wie dem Biergarten am Chinesischen Turm, im Seehaus oder im Kiosk *Milchhäusl*. Wer es etwas ausgefallener mag, dem sei die Terrasse der *Goldenen Bar* im Haus der Kunst empfohlen; in der Bar selbst sind keine Hunde erlaubt, aber die Terrasse ist groß und selbst an heißesten Sommertagen durch die besondere Architektur des Hauses der Kunst angenehm kühl. Und auf der Speisekarte gibt's durchaus bodenständige Kost, wie z. B. Schinken-Käse-Toast, Kuchen oder selbst gemachte Grapefruitlimonade – alles nicht teurer als anderswo, aber sehr fein.

LAGE: ***Goldene Bar*** **im Haus der Kunst, Prinzregentenstr 1, 80538 München**
www.goldenebar.de
Haltestelle: Nationalmuseum / Haus der Kunst (Tram 16)

5

Spaziergang für Architekturfans

OLYMPIAPARK MIT ALM UND SEE

Auch mitten in einer Großstadt kann man gemütlich und ungestört mit seinem Vierbeiner spazieren gehen: im Olympiapark. Da auf den asphaltierten Hauptwegen vor allem an schönen Tagen viel los ist, empfehlen sich die Trampelpfade durch die Wiesen. Sehenswert ist die Ost-West-Friedenskirche, der »charmanteste Schwarzbau Münchens« (Christian Ude): Timofei Wassiljewitsch Prochorow, genannt Väterchen Timofei, und seine Frau Natascha bauten hier ohne Erlaubnis ein Haus, eine Kapelle und später eine Kirche. Als diese Einsiedelei-Bauten für die Olympischen Sommerspiele 1972 Platz machen sollten, protestierten die Münchner, sodass die Anlage erhalten blieb. Sie ist wirklich reizend: Die Decke der Kirche ist z. B. mit Schokoladenfolie ausgeschmückt.

Der Olympiasee ist nicht zum Baden freigegeben, aber jeder kann nach einem kritischen Blick selbst entscheiden, ob der Hund darin baden darf. Aus allen möglichen Perspektiven zeigen sich während der Spaziergänge Olympiaturm, Olympiaschwimmhalle und Olympiahalle – sicher nicht nur für Architekturfans sehenswert.

Es bietet sich auch der Besuch der *Olympia-Alm* an, des auf 564 Metern höchstgelegenen Biergartens Münchens. Ursprünglich war die Alm ein Kiosk für die Arbeiter, die 1972 beim Bau des Geländes für die Olympischen Spiele halfen. Auf dem Berg, der aus zusammengehäuftem Schutt aus dem Zweiten Weltkrieg besteht, machten sie ihre Brotzeit. Dass dieser sonnige Platz ein echter Geheimtipp ist, bekamen bald mehr Münchner mit, und so entstand der Biergarten. Nicht nur von hier aus lassen sich übrigens die Konzerte der Weltstars im Olympiastadion mit anhören, und hier eben auch mit Hund.

LAGE: Spiridon-Louis-Ring 21, 80809 München
www.olympiaalm.de
Haltestellen: Petuelring (U3), Olympiasee (Bus 144)

Ungestört wandern

PERLACHER UND GRÜNWALDER FORST

Schattige Plätzchen en masse, schöne Wanderwege und keine(!) Leinenpflicht: Das alles gibt's im Perlacher und im Grünwalder Forst. Nur auf Hunde mit Jagdtrieb muss man aufpassen, denn Rehe, Füchse und Wildschweine sind hier zuhause. Die Tram hält quasi direkt vor der Haustür. Steht man noch dazu auf ruhige Wanderungen ohne großes Gedränge, wird man im Perlacher Forst sein Traumziel finden. Und selbst wenn die Spaziergänge ausufern: An der Bahnstrecke nach Holzkirchen gibt's die *Nussbaum-Ranch*, einen Kiosk (bzw. eine kleine Gaststätte) mit gemütlichem Biergarten, in der man eine Brotzeit genießen kann. Im Süden liegt außerdem die *Kugler Alm*, ein weiterer schöner Biergarten mit Spielplatz, falls nicht nur Hunde, sondern auch Kinder auf ihre Kosten kommen sollen.

LAGE: ***Nussbaum-Ranch*, Linienstr. 136, 82041 Oberhaching**
***Kugler Alm*, Linienstr. 93, 82041 Oberhaching, www.kugleralm.de**
Haltestellen: Furth (S3), Höllriegelskreuth (S7, S20)

Badespaß an der Würm

IM PASINGER STADTPARK

Hier schlängelt sich die Würm durch München, im Wechsel an Wiesen und Wäldchen entlang – ideal für alle badebegeisterten Hunde! Zwar sollte man vom Kanal eher Abstand halten, denn dort kann die Strömung sehr stark und der Ausstieg schwierig sein. In den ruhigeren Nebenarmen bzw. in den aufgestauten kleinen Seen kann der Badespaß aber richtig losgehen. Dieser Weiherlandschaft verdankt der Stadtpark übrigens seinen Spitznamen als »kleiner Bruder« des Englischen Gartens. Ähnlich wie dort darf leider das Hunderl auch in Pasing nicht überall frei herumlaufen – die grünen Poller zeigen, wo das Herumtollen gestattet ist. Aber keine Sorge: Bei starkem Bewegungsdrang geht's zum Austoben ganz einfach ein wenig nach Süden, denn hier grenzt der Paul-Diehl-Park direkt an und lässt jedes Freilauf liebende Herz höherschlagen.

LAGE: Hugo-Fey-Weg 1, 81241 München
www.muenchen.de
Haltestelle: München-Pasing (S-Bahnen, Tram 19)

Wohlfühloase für Familien

IM KÖNIGLICHEN HIRSCHGARTEN

Klein, aber fein – der Hirschgarten. Und schon wieder begegnet uns Kurfürst Carl Theodor: Er gab 1780 den Auftrag, auf dem ursprünglich 135 Tagwerk, also ca. 40 Hektar großen Areal einen abgezäunten »Tiergarten« anzulegen und ihn mit gut hundert Dam- und Edelhirschen zu besetzen. Bald hieß es in einem Bericht: »(…) weil in dem neuen Tiergarten, wie in den anderen Parks, der Eintritt auch dem Volke gestattet ist, erfreut er sich regen Besuches.« Und es dauerte nicht lange, bis auch das passende Wirtshaus entstand: 1791 wurde das sogenannte Jägerhaus erbaut und der Hirschgarten zu einem Ausflugsziel der Münchner, die nach ihrem Spaziergang eine Brotzeit machen und ihren Durst löschen konnten.

Heute ist der *Königliche Hirschgarten* zwar eine Großwirtschaft, aber immer noch charmant und einer der schönsten Biergärten der Stadt. Rundherum kann man ganz gemütlich mit dem Hund spazieren gehen. Zugegeben, das sind keine endlosen Strecken, und wer einen Hund hat, der sich auspowern will, ist hier nicht am richtigen Ort, aber mit älteren oder weniger aktiven Hunden ist es ein reines Wohlfühlareal mit sehr netten Hundebesitzern. Es gibt auch immer noch ein Gehege mit Hirschen, dazu ein altmodisches Karussell, viele Bänke, Spielplätze und Brunnen, in denen die Kinder im Sommer plantschen können. Und wer Glück hat, dem begegnet Signor Rossi mit seinem Schneeeis, das er von einem Dreirad aus zum Verkauf anbietet.

LAGE: Hirschgarten 1, 80639 München
www.hirschgarten.de
Haltestellen: Hirschgartenallee (Bus 51, 151), Hirschgarten (S-Bahnen), Romanplatz (Tram 12, 16, 17)

Für Weltenbummler

DURCH DEN WESTPARK

Im Münchner Stadtteil Sendling-Westpark befindet sich, wie der Stadtteilname schon erahnen lässt, der Westpark, der 1983 anlässlich der Internationalen Gartenbauausstellung (IGA) nach einem Entwurf des Münchner Landschaftsarchitekten Peter Kluska angelegt wurde und nun für jedermann frei zugänglich ist. Der Park ist in einen Ost- und einen Westabschnitt geteilt, die beide durch eine Überführung verbunden werden, auf die alle Wegführungen zulaufen. Allgemein eignet sich der Westpark daher ideal sowohl für kurze als auch für ausgiebige Spaziergänge.

Charakteristisch sind zum einen die weiten flachen Wiesen und im Kontrast dazu die hügeligen Teile des Parks. Der Westpark ist vor allem bekannt für seinen wunderschönen Rosengarten (hier befindet sich auch ein Biergarten mit bayerischen Spezialitäten), doch über die gesamte Fläche verteilt gibt es unzählige hübsche Fleckchen: die Staudengärten, das Alpinum, ein historischer Garten, ein Blindengarten, das Ostasien-Ensemble mit seinen Gärten, bestehend aus einer thailändischen Sala, einer nepalesischen Pagode und den Chinesischen und Japanischen Gärten. Im Park stehen zudem Kunstwerke wie der »Guten-Tag«-Brunnen von Makoto Fujiwara oder Christian Tobins Kugelbrunnen am Südosteingang. Daneben gibt es zwei hübsche Seen: den West- und den Mollsee, an dessen Ufer das Bauwagen-Café *Gans am Wasser* steht, ein charmantes Studentencafé mit Improvisationscharakter.

Insgesamt gehört der Westpark zu den schönsten Grünanlagen Münchens, und ein Besuch lohnt sich für Hund und Besitzer gleichermaßen – allerdings sollten Hundehalter beachten, dass dort strenge(!) Leinenpflicht gilt.

LAGE: Sendling-Westpark, 81373 München
www.gansamwasser.de
Haltestellen: Stegener Weg (Tram 18), Westpark (U6)

Wiesn ohne Wiese

ÜBER DIE THERESIENWIESE

Die Wiesn heißt ja nur Wiesn, weil sie eine Wiese ist. »Wir gehen auf die Wiesn« heißt also im Grunde nichts anderes, als »Wir gehen auf die Wiese« – daher übrigens auch die Wiesn. Natürlich sind Hunde auf dem Oktoberfest verboten, und auch während der Aufbauphase kann man dort nicht spazieren gehen, aber das restliche Jahr über ist es eine Wiese, zwar mit sehr viel Asphalt, aber: Man hat Platz ohne Ende und ist vor allem hier richtig, wenn man einen Hund hat, der gern Bällen hinterherjagt. Und man trifft hier viele Menschen mit Hund.

Kulturell Interessierte können sich die Bavaria samt Ruhmeshalle anschauen, wo man unter fast hundert Büsten inzwischen sogar zwei Frauen findet: die Schriftstellerin Lena Christ und die Schauspielerin Clara Ziegler. In die Bavaria kann man sogar hineinsteigen – zwar ohne Hund, aber da sie nicht sehr groß ist, dauert das auch nicht lange (von April–Okt. Mo–Fr täglich 9–18 Uhr).

Und wem die riesige Fläche doch zu klein oder zu wenig natürlich ist, der kann noch einen Abstecher in den Bavariapark machen: Der Mitte des 19. Jahrhunderts erbaute Park befindet sich westlich der Theresienwiese, gleich hinter der Bavaria. Zunächst war der Park nur König Ludwig I. zugänglich, der hier gern spazieren ging. Später war die Grünanlage von der Alten Messe umgeben und wurde als Ausstellungsfläche benutzt. Seit die Messe nach Riem umgezogen ist, steht der Bavariapark wieder allen Münchnern offen. Besonders hübsch sind die zahlreichen alten Steinskulpturen. Und es gibt auch einen sehr schnuckeligen Biergarten, das *Wirtshaus am Bavariapark*.

LAGE: Bavariaring, 80336 München
www.wirtshaus-am-bavariapark.com
Haltestellen: Westendstraße, Theresienwiese (U4, U5)

Von Kelten, Rittern und Geistern

DIE AUBINGER LOHE

Wild und verwunschen ist sie, die Aubinger Lohe am westlichen Rand von München. Das kleine Waldgebiet beherbergt gleich zwei Keltenschanzen und einen sagenumwobenen Teufelsberg, auf dem einst eine Burg stand. Und vor vielen, vielen Jahren trieb in der Aubinger Lohe – dort, wo Mitte des 19. Jahrhunderts die Armenhäuser der Gemeinde standen – ein Geist sein Unwesen: Ein Mann, der mit einer schweren Kette an einen riesigen schwarzen Hund mit feurigen Augen gefesselt war, schleppte sich Nacht für Nacht vom Gemeindehaus durchs Dorf. Er hatte ein aschfahles Totengesicht und starrte blicklos vor sich. Die Bewohner verschlossen ihre Türen und wagten sich nicht mehr hinaus.

Wer es lieber wissenschaftlich mag: Es gibt einen sehr informativen Waldlehrpfad. Fundspuren aus der Bronzezeit sowie von Kelten und Römern bezeugen, was wir bereits wussten: München war einfach immer schon ein lebenswerter Ort. Von den alten Siedlungen sieht man zwar nur noch Erderhebungen, aber wer weiß, was Hundchen bei Grabungen so zutage bringt?

Frei laufen darf er hier jedenfalls, so viel er will – wenn er dabei möglichst auf den Wegen bleibt und nicht zu viel im Gebüsch stöbert, denn die Aubinger Lohe ist Landschaftsschutzgebiet! Deswegen findet man hier einige Biotope, und entsprechend schön ist die umgebende Natur. Bei warmem Wetter sollte man unbedingt eine Kleinigkeit zum Picknicken mitnehmen. Spielt das Wetter einmal nicht mit oder hat man den Snack zu Hause vergessen, muss man nicht gleich verzagen: Ein Abstecher in die *Waldwirtschaft Bienenheim* im Nordwesten der Lohe lohnt sich auf alle Fälle.

LAGE: Aubinger Lohe, 81249 München
www.muenchen.de/freizeit; www.waldwirtschaft-bienenheim.de
Haltestellen: Bergsonstraße (Bus 162), Aubing (S4)

Strandfeeling mitten in der Stadt

UNTERWEGS IN DEN ISARAUEN

Die glitzernde Isar mit ihren flachen weißen Kiesbänken, daneben Auwälder mit Pappeln, Erlen und Weiden – und das Ganze mitten in München: Die kilometerlangen Isarauen bieten zu jeder Jahreszeit die perfekte Kulisse für ausgiebige Spaziergänge am Wasser. Natürlich darf, zumindest in der wärmeren Zeit des Jahres, auch der Sprung ins kühle Nass nicht fehlen. Allerdings sollte man dabei ein Auge auf die Strömung haben, die mitunter sehr stark sein kann, und den Hund nur an den seichteren Stellen ins Wasser lassen.

Ein prima Ausgangspunkt für einen Spaziergang ist die Reichenbachbrücke, die man sehr gut über die U-Bahn-Station Fraunhoferstraße erreicht. Man überquert die Brücke und steigt über eine Treppe direkt ans Ostufer der Isar hinab. Eine Wegzehrung kann man sich zuvor im dortigen Kiosk besorgen. Aber Vorsicht: Hier kreuzt ein Radweg! Anschließend spaziert man am Ufer entlang immer weiter flussaufwärts. Der Blick zurück zeigt die Museumsinsel mit dem Deutschen Museum sowie die beiden imposanten Türme von St. Maximilian. Nach etwa vier Kilometern erreicht man den Tierpark. Hier geht es noch mal unter der Brücke durch und dann nach oben. Nun kann man entweder die Brücke überqueren und von der U-Bahn-Haltestelle Thalkirchen aus den Heimweg antreten oder den Weg – nun oben am Isarhochufer entlang – noch weiter in Richtung Süden fortsetzen.

Angenehm für ältere Hunde: Mit Fahrrad und Anhänger ausgestattet, kann man den Ausflug problemlos bis nach Grünwald ausweiten.

LAGE: Isarauen, 81379 München
www.muenchen.de; Tipp zur Einkehr: www.zumflaucher.de
Haltestellen: Fraunhoferstraße (U1, U2, U7, U8), Thalkirchen (U3)

Sportlich, sportlich!

AGILITY MIT SARAH SCHWARZ

Unter Agility versteht man (für alle, die es noch nicht wissen) eine Hundesportart, bei der die Hunde einen aus Hindernissen bestehenden Parcours in einer vom Leistungsrichter festgelegten, immer wechselnden Reihenfolge und innerhalb einer gegebenen Zeit überwinden müssen. Frauchen bzw. Herrchen zeigen dabei mit Körpersprache und Hörzeichen den Weg, dürfen aber weder Hindernisse noch den Hund anfassen. Das schnellste Team mit den wenigsten Fehlern gewinnt den Lauf.

Agility fördert die harmonische Zusammenarbeit zwischen Mensch und Tier und ist weltweit etabliert. Das kann man nun lockerer angehen oder ganz professionell bis hin zu Turnieren nach VDH-Prüfungsordnung.

In München kann man Agility unter anderem bei Sarah Schwarz lernen, die Hundesport macht, seit sie vier(!) Jahre alt war. Sie war u. a. dhv Vize Deutscher Meister 2013, Bayerischer Vizemeister 2018, Oberbayerischer Meister 2019 und Teilnehmerin an den WM/EO-Qualifikationen 2015/16/17. Bei ihr werden Teams ganz individuell gefördert. Es gibt keinen speziellen Führstil, sondern der Spaß steht im Vordergrund. Willkommen sind alle Hundearten und Anfänger sowie Fortgeschrittene. Man kann bei Frau Schwarz »echte« Seminare buchen, aber auch Online-Seminare, die maximale Flexibilität bieten: kein Warten auf andere Teilnehmer, die vielleicht etwas länger brauchen, aber auch kein Zeitdruck, wenn Hund und/oder Menschen einmal mehr Anleitung benötigen.

Die Seminare werden überall rund um München angeboten.

LAGE: Griegweg 31, 82538 Geretsried
www.schwarz-hundetraining.de
Anfahrt: A 95 nach Süden bis Ausfahrt Sindelsdorf, dann B 472

Baden im Hundesee

DIE ALLACHER LOHE

Sind wir mal ehrlich: So ziemlich jeder kennt die Hotspots in München für eine kleine Abkühlung – vor allem Hundebesitzer, denn nicht überall darf das Tier so mir nichts, dir nichts ins Wasser hüpfen. Dabei gibt es an heißen Sommertagen nichts Schöneres, als auf einer Wiese im Schatten zu liegen und ab und an im kühlen Nass zu baden. Soll der tierische Begleiter auch eine Erfrischung bekommen, findet man sich schnell an den immer gleichen Orten wieder. Der Geheimtipp ist aber der Hundesee in der Allacher Lohe: Begrenzt durch den Rangierbahnhof und die Dachauer Straße, liegt der See versteckt im Stadtteil Ludwigsfeld. Also los, packt die Badehose ein, nehmt euern Hund, und dann nix wie raus an den Hundesee!

LAGE: Allach-Untermenzing, 80997 München
www.muenchen.de
Haltestelle: Karlsfeld (S2), von dort ca. 20 Min. Fußmarsch)

Im irdischen Paradies

KÖNIGLICH BADEN IN POSSENHOFEN

Der Starnberger See ist ja für viele Menschen einer der schönsten Orte der Welt. An seinen Gestaden mit Alpenblick liegt auf der westlichen Seite das Schloss Possenhofen. Hierhin zog sich Herzogin Ludovika (1808–92) immer wieder zurück, um ungestört vom exaltierten und frauenreichen Leben ihres Mannes Maximilian Joseph in Bayern ihre zehn Kinder großzuziehen – darunter Elisabeth Amalie Eugenie, besser bekannt als Kaiserin Sissi. Ludovika wie auch ihre Kinder waren große Hundenarren. Zeit ihres Lebens von Hunden umgeben, geriet Ludovika damit in die Kritik von Zeitgenossen, die wenig Verständnis dafür zeigten, auch während der Mahlzeiten die Vierbeiner bei Tisch zuzulassen. Ludovikas Lieblingshund war eine italienische Zwergspitzhündin namens Lupa, die auch auf fast allen Fotografien der alten Herzogin zu sehen ist – meist auf dem Schoß ihrer Herrin thronend und forsch in Richtung Kamera blickend. Selbst auf einem Aquarell Franz von Lenbachs von der Herzogin ist Lupa mit dabei. Als Ludovika mit 83 Jahren verstarb, wurde sie von Lupa tief betrauert.

Zu dieser Geschichte passt es gut, dass die Wiese hinter dem Schloss heute die Hundewiese am Starnberger See ist. Hier darf der Wauzi auch ohne Leine baden, Bälle aus dem Wasser holen und mit Artgenossen spielen. Vor allem an Sommer-Wochenenden herrscht hier reges Treiben. Einen kurzen Fußmarsch entfernt von der Wiese gibt es zwei große (kostenpflichtige) Parkplätze, oder man fährt – noch besser – mit der S6 bis Possenhofen und läuft von dort etwa 15 Minuten bis zum Badestrand. Und wenn man den Hund an die Leine nimmt, darf man sich auch ins allgemeine Badegebiet vorwagen, ins Paradies, wo es einen hübschen kleinen Kiosk gibt, der vom Eis bis zur Pizza alles verkauft, was das Badegastherz begehrt.

LAGE: Schloss Possenhofen, Karl-Theodor-Str. 14c, 82343 Pöcking
www.bayregio-starnberger-see.de
Haltestelle: Possenhofen (S6), von dort ca. 15 Min. Fußweg zum Schloss

16

Badewonnen im Baggersee

FREIE BAHN AM MALLERTSHOFER SEE

Der Mallertshofer See in Unterschleißheim ist ein Baggersee, also eher klein, aber sehr schön gelegen. Dementsprechend viele Besucher tummeln sich dort dann an einem sonnigen Wochenende – also kommt man an solchen Tagen am besten nur mit Vierbeinern hierher, die auf Artgenossen und viele Menschen stehen. Das Nordufer ist eine riesige Liegewiese mit wenig Schatten, während das Südufer mit viel Baumbestand schöne schattige Plätze bietet. Am See gibt es eine FKK-Zone und – das Allerschönste: Die Vierbeiner haben hier wirklich freie Bahn und können mit vollstem Vergnügen im See schwimmen, mit oder ohne Herrchen oder Frauchen.

LAGE: Ingolstädter Landstraße, 85748 Garching bei München
www.seen.de/mallertshofer-see
Haltestelle: Oberschleißheim-Kreuzhof
(U6 bis Garching-Hochbrück, dann Bus 219)

Ins Wasser hüpfen ohne Trubel

AN DER GRÜNWALDER ISAR

Wem die Hundewiese an der Stadt-Isar zu voll ist oder wer dem Vierbeiner und sich selbst einfach mal was anderes bieten möchte, der sollte Grünwald besuchen – entweder mit dem Auto oder mit der 25er-Tram bis zur Endhaltestelle. Von dort geht's dann zur Isar und an den Uferwegen entlang. Das Tolle: Hier ist wenig los, was auch super für Hunde ist, die nicht so gern viele Menschen und Artgenossen um sich haben. Einzig auf die vereinzelten Mountainbiker sollte man ein bisschen aufpassen. Wer gleich einen Tagesausflug daraus machen möchte, der kann zu jeder Jahreszeit in rund zweieinhalb Stunden zum Biergarten beim Kloster Schäftlarn wandern und von dort aus mit dem Bus nach Hohenschäftlarn und weiter mit der S-Bahn zurück in die Stadt fahren.

LAGE: Kloster Schäftlarn 16, 82067 Ebenhausen
www.klosterbraeustueberl-schaeftlarn.de
Haltestellen: Derbolfinger Platz (Tram 25), Hohenschäftlarn (U7)

Sagenumwobenes Gewässer

DER HACHINGER BACH

Um den aus Oberhaching fließenden Bach ranken sich einige Legenden. Weil er sich vom schwankenden Grundwasser speist, versiegte der Flusslauf manchmal spurlos. Der Sage nach hatten der Teufel bzw. Gott hier die Hände im Spiel. Heute plätschert der Hachinger Bach aber munter vor sich hin und ist an heißen Tagen die ideale Abkühlung für badefreudige Hunde. Im Ostpark, durch den der Bach bei Neuperlach fließt, gibt es außerdem einen kleinen See mit begehbarer Insel in der Mitte. Zwar dürfen die Hunde nicht im Seewasser plantschen, dafür bietet der Park aber breite Wege und hügelige Wiesen für den genüsslichen Auslauf und zum Gassigehen sowie einen netten Biergarten. Und das alles ganz ohne Leinenpflicht! Bei so viel Outdoor-Action versiegt der Spaß am Auslauf definitiv nie.

LAGE: Ostpark, Feichtstr. 19, 81735 München
www.oberhaching.de; www.michaeligarten.de
Haltestelle: Michaelibad (U5), von dort ca. 10 Min. zu Fuß

Saisonende im Dantebad

DER MÜNCHNER HUNDESCHWIMMTAG

Zum Ende der Sommersaison hat sich das Dantebad in Neuhausen-Nymphenburg etwas ganz Besonderes einfallen lassen: den Hundebadetag! Bevor das Sommerbad vor dem Winter die Tore schließt, sind alle Hunde mit ihren Haltern zum großen Badefinale eingeladen. Im FKK-Becken darf an diesem Tag Mitte September nach Lust und Laune geplantscht, gespritzt und getobt werden. »Getränke« gibt es gratis dazu: Das Becken wird extra für die Vierbeiner nicht gechlort, also kann Hundchen daraus schlabbern, soviel er will. Die stolzen Besitzer sehen ihren Lieblingen dabei vom Rand aus zu. Für die etwas Wasserscheuen ist die Liegewiese geöffnet – zum Entspannen oder Herumsausen.

Der Hundebadetag ist abhängig vom Saisonende (meist Mitte Sept.).

LAGE: Postillonstr. 17, 80637 München
www.swm.de/privatkunden/m-baeder
Haltestelle: Westfriedhof (U1, U7, Tram 20, 21)

Münchner Traditionsmarkt

DIE AUER DULT

Die traditionelle Münchner Auer Dult wird dreimal jährlich auf dem Mariahilfplatz in der Au veranstaltet und dauert jeweils neun Tage. Die erste Dult des Jahres, die sogenannte Maidult, beginnt am Samstag vor dem 1. Mai, die Jakobidult am Samstag nach Jakobi (25. Juli) und die Kirchweihdult am Samstag vor Kirchweih (3. Sonntag im Oktober). Und schon wieder treffen wir auf Carl Theodor: Im Jahr 1796 verlieh der Kurfürst dem Münchner Vorort Au östlich der Isar das Recht, zweimal im Jahr eine Dult abzuhalten. Aus dieser Zeit stammt auch der Name Auer Dult. Die Auer Dult gilt übrigens als der größte Geschirrmarkt Europas: An unzähligen Standln werden Porzellan und Keramikwaren feilgeboten. Doch das ist noch lange nicht alles: Nirgendwo auf der Welt wird man mehr unterschiedliche Gemüsehobel finden, Besen, Bürsten, Antiquitäten, Ramsch, Bücher, Haushaltszubehör, Naturheilmittel und Kleidung. Außerdem gibt es einige Fahrgeschäfte, Steckerlfisch von der Fischer Vroni und das unverzichtbare Bier.

Und was die Hunde betrifft: Man kann sie mitnehmen, und wenn man unter der Woche herkommt, wenn es nicht gar so voll ist, kann daraus ein wirklich netter Spaziergang werden. Auch für Hunde gibt es allerlei zu kaufen: Bio-Nahrung oder Hundezubehör. Wer mag, kann auch noch einen Gang durch die Frühlingsanlagen machen, die sich in unmittelbarer Nähe befinden.

Übrigens beherbergt die Kirche Mariahilf eines der relativ seltenen Carillons in Deutschland, also ein weithin hörbares Glockenspiel im Turm – auch das ist hörenswert!

LAGE: Mariahilfplatz, 81541 München
www.muenchen.de/veranstaltungen
Haltestelle: Mariahilfplatz (Tram 18)

Alles bio!

METZGEREI BEUTEFUCHS IN UNTERGIESING

Wer seinen Hund auch kulinarisch verwöhnen möchte, der ist in der Metzgerei *BeuteFuchs* genau richtig. Egal ob Pute, Rind oder Lamm: Hier wird nur feinstes Bio-Fleisch von ausgesuchten Bio-Höfen, die Naturland- oder Demeter-kontrolliert sind, verkauft. Das Team gibt gern Futterberatungen, sodass auf alle Bedürfnisse individuell Rücksicht genommen werden kann. Während der Öffnungszeiten bietet *BeuteFuchs* übrigens auch einen Heimservice an, der das Futter bis zur Haustür bringt; ab Einkäufen, die schwerer als sechs Kilogramm sind, wird auch ein Tiefkühlversand angeboten. Viel mehr Spaß macht es aber auf jeden Fall selbst hinzugehen, denn der Laden ist wirklich schön (auf die Öffnungszeiten achten); Stella und Manuela sind sehr nett, und es gibt zudem noch ausgewähltes Spielzeug, Nahrungsergänzungsmittel, Leinen und anderes Zubehör zu erwerben.

Bestellungen werden auch gern versandt (Tel. 089/37 96 15 55).

LAGE: Käpflstr. 11a, 80689 München
www.beutefuchs.de
Haltestelle: Senftenauerstraße (Tram 18)

Sicherheit bei Wind und Wetter

DIE MANUFAKTUR ISARTAU

In liebevoller Handarbeit entstehen in der *Manufaktur Isartau* Leinen und Halsbänder aus Seilen, die nicht zuletzt durch Qualität und Widerstandsfähigkeit bestechen. Daneben gibt es Besonderheiten wie das »Telefon-Hängerli«, eine geräuschlose Hundemarke aus Leder, in die Telefonnummer und Name eingearbeitet werden, oder auch »Fairy Lights«, leuchtende Leinen, die sich durch UV-Licht aufladen und dann im Dunkeln leuchten. Seit Kurzem findet man Atelier und Showroom leider nicht mehr in München, sondern in der Nähe von Nürnberg. Wem das zu weit ist, der kann die Produkte einfach im Online-Shop bestellen. Aber bitte: Nur die Hunde, die wirklich gut an der Leine laufen, sollten Halsband tragen. Für alle anderen ist ein Geschirr die bessere Variante. Die Zeiten, in denen Hunde am Halsband gezerrt wurden, um sie zu »erziehen«, sollten vorbei sein!

LAGE: Hembacher Weg 1A, 90530 Wendelstein, www.isartau.de
Anfahrt: A 9 Ri. Nürnberg bis Ausfahrt Allersberg, dann B 2 Ri. Schwabach

Spareribs-Eis am Knochen

BEIM VERRÜCKTEN EISMACHER

Ein jeder, sagt er, tut es nicht, aber wenn es heiß ist und der Hund einen dann so anschaut … und wie überzeugend einen diese Hundeaugen anblicken können! Letztendlich ist es doch jedem Hundebesitzer schon einmal passiert, an einem schönen Sommertag, wenn die süße Verlockung geradezu darum bettelt, genossen zu werden: Weil man kein Unhold ist, lässt man den Hund an der kalten Erfrischung teilhaben und gibt ihm ein kleines bisschen Eis ab. Je nach Innigkeit des Verhältnisses wechseln Herrchen und Hund sich ab, und jeder darf einmal, ganz gerecht aufgeteilt, am Eis schlecken. Andere heben ihrem Liebling ein Stückchen auf und lassen ihn allein im Eisgenuss schwelgen. Bei der Wahl der Sorte muss man dann natürlich auch an den Hund denken – mag er lieber süße Vanille oder die saure Zitrone? Damit man nicht mehr in diesem Zwiespalt steckt, hat man sich beim *Verrückten Eismacher* eine Lösung überlegt: Hier gibt es Weißwurst-, Leberkäs- und sogar Schweinebraten-Eis! Da haben echte Hundeliebhaber mitgedacht. So können Zwei- und Vierbeiner den Sommer richtig genießen.

Filialen gibt's auch in der Amalienstr. 77 sowie am Viktualienmarkt.

Seinem Namen, der an den »mad hatter« aus »Alice im Wunderland« angelehnt ist, macht der Laden alle Ehre: Die Wände sind knallbunt, die Stühle sehen aus wie der Thron der Königin, und die Plastik-Eislöffel haben eine Hut-Form. Jeder Kunde wird stets gefragt, welche Sorte er noch probieren möchte. Und: Man wird nicht mehr von »Menschen ohne Hund« schief angesehen, wenn man von dem gemeinsamen Vergnügen erzählt. Besonderer Tipp: Spareribs-Eis am Knochen!

LAGE: Fraunhoferstr. 42, 80469 München, www.dvem.de
Haltestelle: Frauenhoferstraße (U1, 2, 7, 8, Tram 18)

DER
VERRÜCKTE
EISMACHER

Eis nur für Hunde

COLD & DOG IN DER FUTTERKISTE

Weil ja Zucker und Konservierungsstoffe im Eis auf Dauer schädlich für den besten Freund des Menschen sind, vertreibt die Berliner Firma *Cold & Dog* Frozen Joghurt speziell für Hunde ohne Zusatz von Zucker und Konservierungsstoffen, und das mittlerweile auch in München. Also beim nächsten Sparziergang durch den Englischen Garten unbedingt einen kurzen Abstecher bei der Futterkiste in der Königinstraße machen – der Laden liegt direkt an der Haupteingangsschneise zum Englischen Garten, wenn man von der U-Bahnstation Universität Richtung Park läuft. Der tierische Begleiter freut sich bestimmt über eine Eiskombination aus Rind und Wildlachs oder Ähnlichem. Schauen Sie doch mal auf ein kleines (Sch)Leckerlie vorbei.

Das Eis kann übrigens auch online bestellt werden, und auf der Website findet man weitere Adressen von Händlern. Und was die Futterkiste betrifft: Das ist natürlich überhaupt ein toller Laden, dessen Besuch sich wunderbar mit einem Spaziergang im Englischen Garten verbinden lässt – hier gibt es alles, was Hundeherzen begehren: Nahrung, Pflegemittel und Kauknochen, Spielzeug, Betten, Leinen, Halsbänder und vieles mehr, dazu Liefer- und Aboservices. Und der Laden sieht auch klasse aus, eben nach Hund, man fühlt sich sofort wohl dort.

LAGE: Königinstr. 37 (Eingang Kaulbachstr.), 80539 München
www.futterkiste-amegarten.de
Haltestelle: Universität (U3, U6)

Kaufrausch im Hundeparadies

HUNDEKAUFHAUS HUNDEMAXX

Egal, was der fellige Liebling gerade braucht: *Hundemaxx* hat es! In Deutschlands größtem Fachgeschäft für Hundebedarf findet man alles – aber auch wirklich alles –, was es rund um den Hund zu kaufen gibt. Auf den drei Etagen des Neuaubinger Kaufhauses gibt's über 35 000 Hundeartikel, die nur darauf warten, entdeckt zu werden. Kein Bedürfnis ist zu exotisch und verrückt, als dass man es hier nicht im Angebot hätte. Das riesige Sortiment umfasst Spielzeug, Sportzubehör, Hundeoutfits, Hygiene- und Gesundheitsprodukte, Betten, Decken, Auto- und Fahrradutensilien usw. Auch für Hundeeltern gibt es eine Abteilung mit Outdoor-Kleidung fürs Gassigehen. Alles darf direkt im Laden an- und ausprobiert werden.

Auch für Katzenbesitzer gibt es hier einiges zu entdecken.

Das Herzstück von *Hundemaxx* ist aber die Futterabteilung: Mehr als 150 verschiedene Futtermarken stehen hier zur Auswahl. Verträgt ein Hund keinen Weizen, möchte gern BARF essen oder hat eine Futtermittelallergie, ist er hier genau richtig. Die kompetente Fachberatung gibt's gratis dazu, die hundeliebenden Verkäufer helfen bei Fragen und Problemen aller Art.

»Nur« mit dem Hundesortiment-Verkauf gibt sich das Kaufhaus-Team aber noch nicht zufrieden: Unter dem Stichwort »ganzheitlich« bietet es den Fellnasen auch Pflege, Training, Physiotherapie und ärztliche Versorgung an – alles unter einem Dach. Im Tagungsraum von *Hundemaxx* finden zudem immer wieder spannende Seminare, Workshops und Vorträge statt. Ein absolutes Highlight und wahres Paradies für alle Hunde und ihre Besitzer!

LAGE: Bodenseestr. 297, 81249 München
www.hundemaxx.de/de
Haltestelle: Freiham (S8)

Unverzichtbarer Klassiker

DER VIKTUALIENMARKT

Man kann ja nun nicht mit dem Hund in den Supermarkt gehen – entweder muss er draußen warten oder daheim bleiben. Da bietet sich stattdessen ein Besuch auf dem Viktualienmarkt an: Obst, Käse, Gemüse, Antipasti, Fleisch, Fisch, Blumen, frisches Brot, Wein und Sekt … Hier gibt es fast alles und alles vom Feinsten. Vor allem unter der Woche ist der Viktualienmarkt eher ruhig, und man kann von Stand zu Stand schlendern, gucken, genießen, einkaufen. Zudem gibt's viele Möglichkeiten, sich zwischendurch hinzusetzen und etwas Feines zu schnabulieren, etwa im Biergarten in der Mitte des Markts.

Der Viktualienmarkt war bis 1807 auf dem heutigen Marienplatz. Nach und nach wurde der Platz jedoch zu klein für die wachsende Stadt, deshalb beschloss König Max I. Joseph die Verlegung an den heutigen Standort. Um 1870 entstand die Struktur aus festen Ständen und einigen temporären Händlern, die sich bis heute erhalten hat. Im Zweiten Weltkrieg wurde der Markt schwer beschädigt, sodass die Stadt darüber nachdachte, ihn komplett abzureißen und dort Wohnungen zu bauen, was zum Glück nicht passierte. 2005 wurde auch die an den Viktualienmarkt grenzende Schrannenhalle wieder errichtet, die 1932 abgebrannt war. Über den Viktualienmarkt verteilt finden sich Brunnen, die an Liesl Karlstadt, Karl Valentin, den Weiß Ferdl, Ida Schumacher, Elise Aulinger und den Roider Jackl erinnern.

Übrigens: In Pasing gibt es auch einen Viktualienmarkt, der aus der Zeit stammt, in der Pasing noch nicht zu München gehörte.

LAGE: Viktualienmarkt 3, 80331 München
www.viktualienmarkt-muenchen.de
Haltestellen: Marienplatz (U6, U3), Marienplatz-Rindermarkt (Bus 62)

Urig bayrisch mit englischem Flair

DAS KAUHAUS

Wer seinem Hund etwas Gutes tun möchte, der sollte beim *KauHaus* im Zentrum vorbeischauen – hier dreht sich alles um die gesunde, artgerechte Ernährung von Hunden und anderen Vierbeinern. Da verwundert es kaum, dass »Tiere gesund füttern« groß auf dem Dach des Geschäfts geschrieben steht. Inspiriert von einem liebevoll gestalteten Pet-Shop in Galway, eröffnete Christine Bregenzer 2015 ihr Tiernahrungsgeschäft. Der urige bayrische Laden mit englischem Flair bietet ein sehr schönes Ambiente für Hunde und -besitzer zugleich.

Doch was genau macht das *KauHaus* so besonders? Zum einen überzeugen die Verkäufer mit ihrem Fachwissen: Ist beim Hund eine Allergie oder Nahrungsunverträglichkeit festgestellt, ist man bei *KauHaus* gut aufgehoben und wird informiert. Das bayrische Tiernahrungsgeschäft hat ein mit Sorgfalt ausgewähltes Sortiment an Trocken- und Nassfutter, Leckerlies sowie Nahrungsergänzungsmitteln. Hierbei wird beim Angebot darauf geachtet, dass das Hundefutter einen hohen Fleischanteil aufweist, frei von chemischen Zusätzen und künstlichen Konservierungs- und Lockstoffen sowie genmanipulierten Inhalten oder Weizen ist. Weiterhin ist das *KauHaus* zu empfehlen, falls der Hund nach der BARF-Methode ernährt wird (BARF = »bones and raw foods« bzw. »biologically appropriate raw food«). Folgt man dieser Methode, steht auf dem Ernährungsplan des Hundes z. T. rohes Fleisch, was wiederum eingefroren und in praktischen Größen verpackt im *KauHaus* erhältlich ist.

Übrigens ist das *KauHaus* gut mit öffentlichen Verkehrsmitteln zu erreichen, und Hunde sind natürlich herzlich willkommen.

LAGE: Schmellerstr. 8, 80337 München
www.daskauhaus.de
Haltestelle: Poccistraße (U3, U6), Tumblingerstraße (Bus 62)

KauHaus
Tiere gesund füttern.
KauHaus
Tiere gesund füttern.

Arena
FC BAYERN
MÜNCHEN

»Fußball ist unser (Hunde-)Leben!«

TIERZUBEHÖR IM FC BAYERN-SHOP

Der Fußball-Club Bayern München e. V., kurz FC Bayern München oder Bayern München oder auch nur FC Bayern, ist mit rund 291 000 Mitgliedern der größte Sportverein der Welt. Unter diesen Fans gibt es natürlich nicht wenige, die einen Hund haben – und warum sollte dieser Hund nicht ein Hundehalstuch mit dem FC Bayern-Logo drauf tragen? Oder in einem in Rot und Grau gehaltenen Hundebett schlafen, ebenfalls mit dezentem Logo?

Wer also auch mit seinem Vierbeiner dem Lieblingsverein gegenüber Farbe bekennen möchte, der kann die passenden Accessoires im Onlineshop des FC Bayern kaufen (hier gibt es übrigens auch ein hübsches Vogelhaus im FC Bayern-Design). Und wie heißt es so schön auf der Website: »Mit deinem Hund verbringst du wahrscheinlich am liebsten den ganzen Tag. Und auch dein vierbeiniger Freund ist froh um jede Minute, die du mit ihm zusammen bist. Mit Tierzubehör vom FC Bayern kannst du deine Leidenschaften perfekt in Einklang bringen: Mache dein Haustier zum tierischen Fan, und nutze das praktische Hundezubehör, um deine Fan-Liebe zum Ausdruck zu bringen.« Aber seien Sie schnell, eventuell soll diese Kategorie im Shop eingestellt werden.

LAGE: Karlsplatz 1 (Untergeschoss), 80335 München
https://fcbayern.com/shop/de/fanwelt
Haltestelle: Karlsplatz/Stachus (S-Bahnen)

Münchens größte Hundeboutique

DER SCHWABINGER RAUBTIERSALON

»Tierpsychologische Wellnesspflege für Ihr Tier, weil gepflegt sein glücklich macht«, steht auf dem Schild des Schwabinger *Raubtiersalons*, Münchens größter Hundeboutique.

Betritt man das Geschäft, hat man auf den ersten Blick den Eindruck von einem kunterbunten Durcheinander: überall Hundeleinen, -kleidung, -bettchen, -spielzeug und Leckerlies. Mit Abteilungen für u. a. French Bullies, Möpse, Chihuahuas, für ganz kleine und ganz große Hunde wird hier geworben und sogar zwischen Sommer- und Winterkollektionen unterschieden. Allein bei Letzterer hat man die Qual der Wahl zwischen 5000 Modellen. Ebenso lässt das Angebot der Hundeknabbereien nichts zu wünschen übrig: Bei über neunzig verschiedenen Hunde-Snacks findet sich sicher das Lieblings-Leckerlie. Wer nach speziellem Futter für Hunde mit Getreideunverträglichkeit sucht, kann sich für das »Raubtierfutter« entscheiden, die hauseigene Hundefuttermarke des *Raubtiersalons*. Und wer auf der Suche nach auffälliger, schmucker Hundemode ist, ist im *Raubtiersalon* richtig: Ein süßes Kleidchen, eine coole Lederjacke oder ein passendes Kostüm zu Halloween – das Angebot ist einfach enorm.

Ein Highlight: das professionelle Hunde-Fotoshooting, bei dem der Hund im Mittelpunkt steht – allerdings wird der Service erst ab einem Einkauf von 300 Euro angeboten. Ansonsten kann man sein Haustier aber auch zu einem »Dog Casting« bei *Raubtiermodels International* anmelden, der Modelagentur des Shops, welche das Buchen von Master Groomern, Stylisten, Hundetrainern, Fotografen und Betreuern anbietet.

LAGE: Schleißheimer Str. 93 (in der GALERIA Karstadt Kaufhof), Eingang: Ecke Elisabeth-/Winzererstraße, 80797 München
www.raubtiersalon.de
Haltestelle: Nordbad (Tram 12, 27, Bus 53, 59)

RAUBTIERSALON
Aus Liebe
www.raubtiersalon.de

Alles vom Feinsten

STILVOLL SHOPPEN BEI DEN HUNDSKERLEN

»… wenn Stil sein darf«, lautet das Motto der *hundskerle*, nach welchem sich die Gründer Frauke Artz und Arno Krischer bei der Auswahl und Gestaltung ihrer Produkte für Hundezubehör richten. Seit 2016 gibt es das Geschäft mit Sitz in München im Stadtteil Haidhausen. Das Sortiment des Ladens zeichnet sich durch elegante und schlichte Designs, wie z. B. bei Hundehalsbändern und Leinen, gemütliche Filzlager, robuste Hundekissen aus schadstoffarmen und natürlichen Rohstoffen und gesunde Hundenahrung aus. Neben anderem Hundezubehör kann man dort auch Hundespielzeug erwerben, das nicht quietscht und das ungiftig ist. Hundehalter mit einem Sinn für Umweltfreundlichkeit und Nachhaltigkeit sollten demnach hier allemal fündig werden.

Auch in der Abteilung Hundefutter haben *hundskerle* einiges zu bieten, da dieses überwiegend aus Bayern kommt und Bio- oder Lebensmittelqualität hat. Darunter befindet sich BARF-Fleisch, Nahrungsergänzungsmittel, Snacks und Futter, das auch den Bedürfnissen von Hunden mit Nahrungsmittelunverträglichkeiten und Allergien gerecht wird. Außerdem wird Hunden im Geschäft immer ein feines Leckerlie zum Probieren spendiert.

Über den Standort des Geschäfts kann man auch nicht klagen, da es mit der S-Bahn sowie mit Tram und Bus gut erreichbar ist und nur 100 Meter von der Station Rosenheimer Platz entfernt liegt.

LAGE: Rosenheimer Str. 69, 81667 München
www.hundskerle.de
Haltestelle: Rosenheimer Platz (S1–4, 6–8, Tram 15, 25)

Auf Abenteuersuche

WILDPARK PÖSSINGER AU BEI LANDSBERG AM LECH

Los geht's am Parkplatz Lechpark Pössinger Au, direkt am Wildpark. Von hier aus gibt es mehrere Möglichkeiten: Man kann einfach kreuz und quer durch den Wildpark spazieren. Dazu vom Parkplatz aus der Beschilderung folgen, durch das Gatter treten und – egal ob linker oder rechter Hand – die Gegend erkunden. Wichtig sind lediglich zwei Dinge: auf den Wegen bleiben und den vierbeinigen Freund nicht von der Leine lassen. Denn, das muss einem klar sein, man befindet sich tatsächlich mitten im Gehege! Nicht wundern also, wenn ganz plötzlich ein ausgewachsener Hirsch vor einem steht. Es ist übrigens erlaubt, die Tiere zu füttern – natürlich nur artgerecht und wenn Hund deswegen nicht eifersüchtig wird. Neben Rotwild gibt es auch noch einen eingezäunten Bereich für Wildschweine, der für Hunde allerdings tabu ist.

Wenn man zudem Lust auf einen Stadtbummel hat, kann man vom Wildpark aus einen Abstecher in die drei Kilometer entfernte Landsberger Altstadt machen: Man hält sich einfach vom Parkplatz aus rechts und durchquert den Park in Richtung Norden. Auf Höhe der Katharinenbrücke, kurz vor den Staustufen des Lechwehrs, rechts halten, und schon ist man mittendrin. Hin und zurück sind etwa sechs Kilometer Weg zu bewältigen. Das Tolle daran ist, dass die Vierbeiner genügend Auslauf haben, um beim anschließenden Stadtbesuch entspannt zu bleiben, und dass die Besitzer nach reichlich Kaffee und Kuchen einen wohltuenden Verdauungsspaziergang genießen. Bahnfahrer können diese Variante übrigens umgekehrt nutzen: einfach vom Bahnhof aus die Katharinenbrücke überqueren und danach rechts immer am Lech entlang in Richtung Wildpark wandern.

LAGE: Wildparkweg, 86899 Landsberg am Lech
Anfahrt: A 96 nach Landsberg a. Lech, weiter Ri. Pössing, dort zum Campingplatz und am Eingang vorbei zum Parkplatz Pössinger Au
Haltestelle: Bhf. Landsberg/Lech (BRB), dann 20 Min. Fußweg

Baierbrunn
Forstenried 7,6
Oberdill 0,8 Km

Die Grünanlage Herterichstraße

UNTERWEGS AM UND IM FORSTENRIEDER PARK

Die Grünanlage an der Herterichstraße ist mit den anliegenden Feldern und ihrer Nähe zum Forstenrieder Park eine sehr beliebte Hundewiese. Wer will, kann seine Runde von hier aus auch noch in den Forstenrieder Park erweitern. Dieser war einst Zentrum feudalen Jagdvergnügens, heute ist er für die Münchner ein beliebtes Naherholungsgebiet. Als Herzog Ludwig von Bayern-Ingolstadt den, wie er damals hieß, Payrbrunner Forst 1399 kaufte, erwarb er damit das Herzstück einer zukünftigen Jagdlandschaft für die Wittelsbacher.

Man kann sich hier auf 43 Kilometern Wander- und Radwegen beliebig lang bewegen, alles geht eben und bequem dahin, es gibt einen Rundweg, und die meisten Wege sind sogar für Rollstühle geeignet. Entlang der historischen Eichenalleen und am Rand zweier Wildruhezonen kann man täglich Wildschweine erleben und in den Wintermonaten westlich der Diensthütte Gelbes Haus Rot- und Damwild bei der Schaufütterung beobachten. Zur Beobachtung der Tiere sind der frühe Morgen bzw. Abend (Dämmerungszeit) empfehlenswert. Da aber das Gebiet sehr groß ist, ist es nicht immer leicht, Tiere zu entdecken, und je mehr Menschen unterwegs sind, desto schwieriger wird es. Ein Fernglas ist daher empfehlenswert. Hunde müssen an der Leine bleiben, und manche Stellen darf man nicht betreten, weil sie Wildschutzzonen sind. Zum Zuschauen eignet sich die anliegende Dirt-Bike-Anlage, auf der die Biker ihre Kunststücke zeigen, und die *Herterich-Stuben* ist ein sehr nettes Lokal zum Einkehren.

LAGE: Herterichstr. 139, 81476 München
www.herterichstuben-muenchen.de
Haltestelle: Herterichstraße (Bus 134, 151)

Spaziergang mit Aha-Effekt

AN DER NYMPHENBURGER SCHLOSSMAUER

Am Westrand des Nymphenburger Schlosses befindet sich eine riesige hundegeeignete Wiese, die sehr sauber und sehr weitläufig ist. Hier sind wenige Menschen unterwegs, und über die Wiese führen von Hundebesitzern getrampelte Pfade, sodass man nicht mit Fahrrädern kollidiert. Im Winter sind hier Langläufer unterwegs. Das Gebiet An der Schlossmauer ist sozusagen die andere Seite des Parks des Schlosses Nymphenburg, in dem für Hunde Leinenpflicht gilt.

Hier gilt sie aber nicht, und trotzdem hat man einen schönen Blick auf das Schloss: Begabte Gartenbau-Architekten sicherten einst den Schlosspark durch einen Graben und eine dort versteckte Mauer gegen Eindringlinge ab. Und wenn der Besucher dann im Park an der Schlossmauer entlangging, öffnete sich plötzlich die Sicht, sodass er »Aha!« rief oder eben »Ha-Ha!«. Den sogenannten »Ha-Ha« führte man im frühen 18. Jahrhundert in die Gartenkunst ein, seine Konstruktionsweise wurde von Antoine-Joseph Dézallier d'Argenville beschrieben. Die »Ha-Has« in Nymphenburg wurden erst im Zuge der Umgestaltung zum Landschaftspark von Friedrich Ludwig von Sckell geschaffen. Heute sind diese Sichtachsen teilweise verbaut, aber hier kann man noch den sehr eindrucksvollen Blick auf das Schloss genießen. Und man kann auch durch ein romantisches, altes rostiges Törchen in den Park gehen, wenn man sich hier weiter umsehen möchte. Das Schlossmauer-Gebiet ist sehr gut mit S-Bahn und Bus zu erreichen.

LAGE: An der Schlossmauer, 80639 München
Haltestellen: Obermenzing (S2), Paul-Gerhardt-Allee (Bus 162, 180), dann 10 Min. Fußweg

Brunnengaudi im Geburtstagsgeschenk

DER LUITPOLDPARK

»Hurra, hurra, der Pumuckl ist da!« Ganz unauffällig versteckt sich ein echtes Münchner Kleinod im Luitpoldpark: der Pumuckl-Brunnen. Als Erinnerung an seine Erfinderin Ellis Kaut treibt der kleine Kobold hier nach wie vor Schabernack: Ohne Vorwarnung spritzen urplötzlich Wasserfontänen auf die vorbeigehenden Spaziergänger.

Der schöne Park in Schwabing hält noch einen anderen besonderen Brunnen bereit: den grasgrünen Bertsch-Trinkbrunnen aus dem vergangenen Jahrhundert. Der gefällt den Hunden vor allem wegen seines im Fuß eingebauten »Zamperl-Beckens«. Während man sich dort erfrischt, kann man überlegen, welche Parkattraktionen man als Nächstes anschauen möchte: Wie wäre es mit den Pflanzenkunstwerken in der Kleingartenanlage oder dem Irrgarten hinter dem *Bamberger Haus*, in dem man das ganze Jahr über einen Kaffee trinken kann? Oder man besucht die anderen Fellnasen auf der Hundewiese? Von dort kann man direkt weiter auf den Luitpoldhügel, den sogenannten »Schuttberg«, da er aus den Trümmern des zerbombten Münchens aufgeschüttet wurde. Beim Aufstieg auf das Herzstück des Parks kommt man schon mal außer Puste. Ganz oben belohnt dann aber die Traumaussicht über die Dächer und zum Olympiaturm alle Mühen. Wer Glück hat, kann bei gutem Wetter sogar bis in die Alpen sehen.

Jetzt noch einen Abstecher zum Obelisken, der für den Namensgeber des Parks Prinzregent Luitpold errichtet wurde. Der erhielt den Park zu seinem 90. Geburtstag als Geschenk; passend dazu wurden 90 Eichen gepflanzt, die zusammen mit faszinierenden Exoten wie Götterbäumen oder Pyramideneichen den Park so interessant machen.

LAGE: Luitpoldpark, 80804 München
www.bambergerhaus.com
Haltestellen: Petuelring (U3), Scheidplatz (U2, U3, Tram 12, 28)

Auf ins Voralpenland!

VIEL ZU ENTDECKEN AM TEGERNSEE

Dieser wunderschöne See in unseren Voralpen ist nicht nur ein Genuss für uns Menschen: Rund um den Tegernsee gibt es gleich mehrere Stellen, an denen die Vierbeiner ins Wasser dürfen. Am nördlichsten Punkt liegt Gmund; dort können die Zweibeiner sich ein gemütliches Plätzchen am Kiesstrand an der Mangfallbrücke suchen, während die Hunde im seichten Wasser Stöckchen fangen. Außerdem kann man in Gmund das Denkmal eines berühmten Hundebesitzers besichtigen: Hier stehen Thomas Mann und sein Bauschan am Ufer, eine Skulpturengruppe von Quirin Roth. Weiter auf der Westseite des Tegernsees, in Bad Wiessee, gibt's einen Hundestrand im Ortsteil Abwinkl neben dem Medical Park, wo sich die Hunde austoben dürfen. Der Blick auf die andere Uferseite, hin zum Schloss Tegernsee, ist wunderschön!

Am Südufer, im Ortsteil Weißach, darf Hundchen über weite Kiesbänke toben und an der Weißachmündung im flachen Wasser spielen. An diesem wunderbaren Flecken Erde, dem Ringsee, sind die Ufer naturbelassen und nicht erschlossen. Ein paar Meter weiter befindet sich an der Badewiese von Rottach-Egern, im Ortsteil Schorn, ein abgetrennter großflächiger Hundestrand. In den Monaten November bis April sind auch die öffentlichen Strände für Hunde erlaubt, ansonsten drohen Bußgelder, wenn man sich nicht an die Hundeverbotszonen hält. Schön ist es im Übrigen auch, sich mit »Lumpi« entlang der Weißach zu erfrischen: Kulinarisch betrachtet ist natürlich das *Herzogliche Bräustüberl* zu empfehlen, vor allem der Wirtsgarten mit Blick auf den See ist ein Traum. Zwar ist die gesamte Point für Hunde tabu, doch sonst ist es in Tegernsee überall erlaubt, mit dem Hund Gassi zu gehen. Einzig entlang der Rottach gilt Leinenpflicht.

LAGE: Hundestrand an der Seeuferanlage, 83703 Gmund
www.tegernsee.com/hundestraende; www.braustuberl.de
Haltestellen: Bhf. Tegernsee, Bhf. Gmund (beide BOB Ri. Tegernsee)
Anfahrt: A 8 bis Ausfahrt Holzkirchen, dann B 318)

Rundweg mit Badevergnügen

EINMAL UM DEN SCHLIERSEE

Mit der Bayerischen Oberlandbahn, der BOB, gelangt man von München in einer knappen Stunde nach Schliersee, der hübschen Marktgemeinde am Nordufer. Die Fahrt ist für den vierbeinigen Begleiter übrigens kostenlos, da pro Fahrschein ein Hund kostenfrei mitgenommen werden darf. Das Tolle am Schliersee ist, dass man ihn – bis auf ein kleines Stück an der Nordseite – quasi direkt am Ufer entlang umrunden kann. Außerdem ist er bekannt für seine ausgezeichnete Wasserqualität, und Hunde dürfen – mit Ausnahme des Strandbads – tatsächlich überall an und ins Wasser.

Vom Bahnhof aus kann man den knapp acht Kilometer langen Rundweg sowohl im als auch gegen den Uhrzeigersinn begehen. Der Weg ist in beide Richtungen gut beschildert, überwiegend asphaltiert, und es gibt kaum Höhenunterschiede zu bewältigen. Wem es lieber ist, dass sich der Hund erst mal unbeschwert auspowern und von der Leine gelassen werden kann, der sollte sich für die Route entgegen des Uhrzeigersinns, also zunächst am Westufer entlang, entscheiden. So hebt man sich den Teil der Runde, der am Ostufer an der Straße entlang zurück zum Ausgangspunkt führt, bis zum Schluss auf.

Am See entlang gibt es immer wieder kleinere Wiesenflächen mit Einstiegen ins Wasser. Für einen Zwischenstopp auf halber Strecke bietet sich die *Rixneralm* an, eine kleine bewirtschaftete Hütte am Südufer, die für hungrige Spaziergänger herzhafte Gerichte und selbst gebackene Kuchen bereithält. Weiter geht es danach an den Fischhausener Bootshäusern vorbei und am Ostufer entlang zurück nach Schliersee.

LAGE: Westerbergstr. 40, 83727 Schliersee
www.rixnerhof.de/rixneralm.html
Haltestelle: Bhf. Schliersee (BOB Ri. Bayrischzell)
Anfahrt: A 8 bis Ausfahrt Weyarn, nach Miesbach, dann B 307

Panorama inklusive

DER AMMERSEER HÖHENWEG

Hat man das Bedürfnis nach mehr frischer Luft und Weite, als der Englische Garten zu bieten hat, dann sollte man die Wanderung entlang des Ammersees in Erwägung ziehen. Der Ammerseer Höhenweg führt auf einer Strecke von gut zwölf Kilometern als angenehm zu gehender und gut ausgeschilderter Rundweg am Westufer des Sees entlang von Schondorf nach Utting und wieder zurück.

Ausgangspunkt ist die Kirche St. Anna in Oberschondorf, die weithin sichtbar auf einer Anhöhe steht. Von dort aus folgt man einfach der Beschilderung »Ammerseehöhenweg« in südwestliche Richtung aus dem Ort und durch Wiesen und Felder bis Achselschwang. Gleich nach dem Gestüt Achselschwang biegt der Weg in Richtung See und damit nach Utting ab. Einkehren kann man entweder noch hier, in der gemütlichen Gaststätte Achselschwang, oder man hält noch so lange aus, bis man in Utting die *Alte Villa* erreicht, ein uriges Wirtshaus mit Seeblick und gelegentlichem Live-Jazz im wunderschönen Biergarten. Zurück geht es von hier entweder knapp vier Kilometer zu Fuß entlang des Ufers zurück zum Ausgangspunkt, wobei der Blick aufs Wasser leider weitgehend verdeckt ist. Oder (etwas aufregender) man fährt von Utting mit dem Schiff zurück nach Schondorf (auch mit Hund möglich; s. Nr. 38). Insgesamt sollte man für die Tour je nach Einkehrdauer drei bis vier Stunden einplanen.

Besonders schön ist die Tour im Winter, wenn man dann mit Wauzi durch den Schnee stapfen kann. Für Hitzeempfindliche im Sommer nicht geeignet!

LAGE: 86938 Schondorf am Ammersee
www.alte-villa-utting.de
Haltestelle: Bhf. Schondorf (BRB Ri. Schongau)
Anfahrt: A 96 bis Ausfahrt Greifenberg

Rieder Wald und Dampfersteg

BADEN AM AMMERSEE

An heißen Sommertagen ist es gar nicht so einfach, an einem der fünf Seen im Münchner Umland eine Stelle zu finden, an der man samt vierbeinigem Anhang ins kühle Nass springen kann. Zwischen 15. Mai und 15. September sind die meisten Erholungsgebiete und Strandbäder nämlich für Hunde tabu – selbst mit Leine.

Doch zum Glück gibt es auch Ausnahmen: z. B. am Ammersee. Denn die malerische Umgebung der Seen, die idyllische Landschaft und der imposante Ausblick auf die nahen Berge sind einfach zu verlockend, um darauf zu verzichten. Eine Möglichkeit, bei der sich Fellnasen abkühlen können, ohne Ärger zu bekommen, bietet sich am Dampfersteg in Riederau, am Ammersee-Westufer in der Nähe des Strandbads. Oder (erst seit kurzer Zeit wieder erlaubt): Baden im Nordosten des Sees am Uferbereich des Rieder Walds. Da dort so gut wie keine Badegäste unterwegs sind, dürfen Hunde hier ganz offiziell und legal ins Wasser. Nur auf dem Weg dorthin, der durch den Wald führt, sollten Hunde zum Schutz der Wildtiere angeleint bleiben.

Die Dampfer fahren nur in der Sommersaison.

Am besten nutzt man für die Anreise die S5 nach Herrsching und spaziert dann ganz entspannt in Richtung Breitbrunn durch den Wald. Am Ufer kann die Leine dann gern abgenommen werden. Übrigens sind Hunde auch bei der Bayerischen Seenschifffahrt willkommen – warum also nicht ein Stück über den See schippern und dann zurücklaufen?

LAGE: 86911 Riederau am Ammersee
www.seenschifffahrt.de
Haltestellen: Bhf. Riederau (BRB), Herrsching (S5)

Blütenträume in Nymphenburg

BOTANISCHER GARTEN UND ABSTECHER INS PALMENHAUS

Im Frühling gibt es doch nichts Schöneres, als nach dem Tauwetter an den frisch aufblühenden Blumen zu schnuppern – warum also nicht mal eine Runde Gassi durch den Botanischen Garten in Nymphenburg? So kann auch der Vierbeiner die Vorzüge des sich in Lauerstellung begebenden Sommers genießen und sich von den ersten Sonnenstrahlen das Fell wärmen lassen. Und wenn man den Botanischen Garten verlassen möchte, kann man noch ein wenig weiter durch den Nymphenburger Schlosspark flanieren (Achtung: Leinenpflicht!) und abschließend auf Kaffee und Kuchen im *Palmenhaus* einkehren. Die tierischen Begleiter sind hier herzlich willkommen.

LAGE: Menzinger Str. 65, 80638 München
www.botmuc.org; www.palmenhaus.de
Haltestelle: Botanischer Garten (Bus 143 und SEV 17, Tram 17)

Alte Liebe vor den Toren Münchens

AMPER-WANDERUNG MIT FREILAUFWIESE

Wer dem Trubel der Landeshauptstadt einmal entfliehen möchte, muss gar nicht so weit fahren: Direkt vor den Toren Münchens liegt die mittlerweile 1200 Jahre alte Kreisstadt Dachau. Am Alten Wehr an der Amper ist 2018 eine neue Hundefreilaufwiese eröffnet worden. Während der Hund mit Spielgefährten etwas herumtollen kann, laden zahlreiche Bänke zum Verweilen ein. Möchte man dann weiterziehen, folgt man am besten den Wanderwegen entlang der Amper in Richtung *Alte Liebe* – der Biergarten liegt etwas versteckt im Grünen. Nach der Einkehr kann man von hier aus entspannt mit dem Auto in zehn Minuten auf die A 8 Richtung Obermenzing und zurück nach München fahren.

LAGE: Im Lus 4, 85221 Dachau
www.alteliebe-dachau.de
Haltestelle: Dachau (S2, RB Ri. Ingolstadt)
Anfahrt: A 8 bis Ausfahrt Dachau-Fürstenfeldbruck, dann B 471

Zu Besuch bei der Verwandtschaft

AUSFLUG IN DEN TIERPARK HELLABRUNN

Canis lupus, der eurasische Wolf, ist ein naher Verwandter des Hundes. Dementsprechend ist es für jeden Hund im Prinzip verpflichtend, seiner Familie in regelmäßigen Abständen einen Besuch abzustatten. Also ab in den Tierpark Hellabrunn, den ersten Geo-Zoo der Welt mit artgerechter Tierhaltung.

1911 gegründet, leben heute rund 19 000 Tiere von über 700 Arten in Hellabrunn. Fußwege führen durchs Grün von einem Gehege zum nächsten. Leider muss der Hund zwar angeleint werden und darf nicht mit in die einzelnen Tierhäuser, aber ein Tag im Tierpark ist auch für den Vierbeiner lohnend. Denn auch wenn der Besuch auf die Außenanlagen beschränkt ist, gibt es dort jede Menge zu entdecken. Besonders spannend ist z. B. die täglich stattfindende Greifvogelschau, bei der auch Hunde von der Tribüne aus zuschauen dürfen.

Da Hellabrunn ein äußerst beliebtes Ausflugsziel ist, lohnt es sich, für den Besuch einen Tag unter der Woche und außerhalb der Ferienzeiten einzuplanen. Und ein Profi-Tipp zum Schluss: Wer sich gerade beim ersten Besuch nicht sicher ist, ob die Nerven des vierbeinigen Begleiters so ein Abenteuer mitmachen, sollte davor einen entspannenden Spaziergang an der Isar entlang einplanen, ehe man sich in die Höhle bzw. zumindest vor das Gehege des Löwen begibt.

Am besten zu erreichen ist der Tierpark mit den öffentlichen Verkehrsmitteln, die U3 hält fußläufig fünf Minuten vom Haupteingang entfernt, und pro Person darf ein Hund kostenlos mitfahren.

LAGE: Tierparkstr. 30, 81543 München
www.hellabrunn.de
Haltestellen: Thalkirchen (U3), Tierpark-Alemannenstraße (Bus 52)

BergTierPark Blindham

TIERPARADIES IN DER NATURIDYLLE

Womit macht ein Wildschwein Wellness? Wieso brauchen Insekten ein Hotel? Und was ist eigentlich ein Mufflon? Wer diese Fragen nicht beantworten kann, sollte sich schleunigst auf zum BergTierPark bei Aying machen. In dem privaten Zoo mit großartigem Alpenpanorama leben in großen Gehegen heimische Wildtiere und vom Aussterben bedrohte Haustiere ganz artgerecht im Wald und auf der Wiese. Auf 2,2 Kilometern Rundweg gibt es Dam- und Rotwild, Haus- und Wildschweine, Rinder, Lamas, Kaninchen und zahlreiche weitere Tiere zu bestaunen – viele neue Bekanntschaften für unsere eigenen Vierbeiner, die an der Leine auch fast überall auf dem Gelände willkommen sind.

Wer genügend Kondition hat, spaziert auf dem gemütlichen Weg von der S7-Endhaltestelle Großhelfendorf in rund einer Stunde zum Park.

Durstige Hunde werden am Eingang versorgt, wo sich auch das *Park-Café* befindet, das die Zweibeiner verköstigt. Wer sein eigenes Picknick dabeihat, setzt sich einfach auf die Picknick-Wiese oder in den *Brotzeit-Stadl*. Tipp: Bereits mit Kohle, Anzünder und feinen Grilldelikatessen anreisen und zum WaldGrillPlatz auf halber Strecke des Rundwegs spazieren – an den vielen Feuerstellen kann man es sich gemütlich machen und sein Essen und die einmalige Natur zusammen mit seinem Hund am urigen Lagerfeuer genießen.

Da so guter Service etwas kosten darf, zahlt man gern die 0,50 Euro Eintritt für unsere vierbeinigen Begleiter. Für nicht-tierische Besucher kostet der BergTierPark, der an 365 Tagen im Jahr geöffnet ist, 8 Euro, unter 15 Jahren nur 7 Euro (Stand 2019). Anreisen kann man blitzschnell mit S-Bahn und Bus.

LAGE: Blindham 3, 85653 Aying
www.bergtierpark.de
Haltestellen: Bhf. Aying (S7),
dann Bus 9582 zur Haltestelle Blindham

Schnauze an Rüssel mit den Wildschweinen

BESUCH IM WALDERLEBNISZENTRUM

Willkommen im Traum eines jeden Hunderherzens: im Wald! Alles, was es über das grüne Ökosystem zu wissen gibt, hat das Walderlebniszentrum im Süden Münchens zusammengetragen. Mit der Straßenbahn geht es schnell vom Zentrum nach Grünwald und von dort zu Fuß und Pfote weiter in den Grünwalder Forst hinein bis zum Pavillon am Sauschütt, den sich König Max I. dort für die Jagd bauen ließ und der mittlerweile Ausstellungen über Bambi, Baum & Co. beherbergt.

Jagdfährten brauchen heute nicht mehr aufgespürt zu werden, aber im Wald erschnüffelt man ja ständig viele unbekannte Gerüche! Und nicht nur die Nase kann hier viel Neues entdecken: Der Pfad der Sinne lädt Hunde und Menschen zusammen auf eine Abenteuertour der Empfindungen. Eher etwas für uns Zweibeiner ist der Waldlehrpfad, der einmal um das Walderlebniszentrum herumführt. Aber alle vierbeinigen Begleiter dürfen hier mit und ihre eigenen Forschungen anstellen.

Am Ende des Rundwegs stellen sich auf einmal neugierig die Ohren auf: Was ist denn das für ein unbekanntes Gegrunze? Da haben wir wohl das Wildschweingatter erreicht, in dem etwa zwanzig Wildsauen hausen. Das erklärt uns auch, warum die Sauschütt so heißt, wie sie heißt, nämlich nach ihrer Funktion als Futterstelle für die Sauen. Die werden hier übrigens täglich um 16 Uhr gefüttert, was man sich von der Besichtigungsplattform aus nicht entgehen lassen sollte.

Wer noch Lust und Kondition hat, spaziert jetzt gemütlich zum *Forsthaus Wörnbrunn* und lässt die schönen neuen Eindrücke bei einer Schale kühlen Wassers – geschlabbert, nicht geschlürft – Revue passieren.

LAGE: Sauschütt, 82031 Grünwald
www.alf-eb.bayern.de/forstwirtschaft
Haltestellen: Höllriegelskreuth (S7), Grünwald-Friedhof (Bus 271, Tram 25)

Abstecher nach Niederbayern

FLUTMULDE UND HOFGARTEN IN LANDSHUT

Auch Landshut ist einen Besuch mit Hund wert. Zum einen gibt es hier die berühmte Flutmulde, in der man sich mit Hund zum Spielen und Toben trifft. Der Stadtpark entlang der Isar ist ein weiteres schönes Areal für Hunde. Und natürlich der Hofgarten rund um die Burg Trausnitz. Noch heute wird im Vierjahresturnus die »Landshuter Hochzeit« gefeiert, die Ludwig der Reiche zur Vermählung seines Sohns Georg mit der polnischen Königstochter Hedwig 1475 ausrichtete.

1938 erwarb die Stadt Landshut den Hofgarten und machte ihn der Öffentlichkeit zugänglich. Der obere Teil ist eher parkartig angelegt, samt Blumenbeeten, Zierbrunnen und Denkmälern, die steilen Hänge im unteren Teil sind von dichtem Wald bewachsen. Vom »Stanzel« an der Burgmauer und vom »Stadtblick« aus bietet sich eine wunderschöne Aussicht auf die Stadt. Auch heute noch kann man im Tiergehege die Damhirsche gut beobachten und füttern. Dazu gibt es noch Volieren mit Fasanen und Tauben, einige Meerschweinchen und Zwergziegen, dazu zwei Ententeiche und einige Eulen. Der Hofgarten besticht zudem mit einem der schönsten Kinderspielplätze in Landshut mit Kletterturm und zwei Rutschen, einem Labyrinth und einer Kletterpyramide. Ein Kleinod ist der Herzoggarten, der, von Friedrich Ludwig von Sckell geplant, das 1782 im klassizistischen Stil erbaute Herzogschlösschen umgibt.

Und wenn man schon in Landshut ist, sollte man auch durch Alt- und Neustadt bummeln, einen Blick auf St. Martin mit dem höchsten Backsteinkirchturm der Welt werfen und im *Hofreiter* oder im *Augustiner am Dom* einkehren.

LAGE: Hofgarten, Edmund-Jörg-Str. 21, 84036 Landshut
Haltestelle: Vom Bhf. Landshut (Bay) mit Bus 312 bis Haltestelle Wittstraße
Anfahrt: A 92 bis Ausfahrt Moosburg-Nord

Rundweg mit Berg und See

KLOSTER ANDECHS

Wenn der Berg nicht zum Hund kommt, dann muss man eben den Hund zum Berg bringen – z. B. auf den Andechser Berg. Mit der S8 fährt man entspannt bis Herrsching am Ammersee; von hier führen viele Wege zum Kloster Andechs, z. B. über das Kiental: Motiviert wandert man vom Ammersee durch die Herrschinger Straßen am Kienbach entlang. Um die St.-Martins-Kirche geht es links einmal herum, dann ist man schon in der Kientalstraße. Ab jetzt tragen einen die Pfoten und Füße ganz gemütlich durch die Schlucht den Berg hinauf. An manchen Stellen ist der Kienbach gut zugänglich, und Hundchen kann sich im klaren Wasser etwas erfrischen. Unter den schattigen Bäumen läuft es sich aber auch ohne Abkühlung trotz der leichten Steigung sehr angenehm.

Die idyllische Ruhe sollte jedoch nicht zu der Annahme verleiten, man sei als Einziger unterwegs. Sobald man nach eineinhalb Stunden das Benediktinerkloster erreicht hat, drängen sich die Wandermassen im urigen Biergarten, im *Braustüberl* und im Gasthof des Klosters eng zusammen – das selbst gebraute Andechser Bier schmeckt aber auch zu gut! Bei schönem Wetter genießt man hier den Blick auf Ammersee und Alpen. Picknick-Fans dürfen im Biergarten gern ihre eigene Brotzeit verspeisen, Hunde sind netterweise überall erlaubt. An Freitagen lohnt sich ein Abstecher in die Klostermetzgerei – vielleicht fällt ja ein Schmankerl für das Hunderl ab? Nachdem man sich die schöne Wallfahrtskirche mit ihrem Zwiebelturm angesehen hat, geht es mit der Fellnase auf einer der vielen Routen wieder zurück zum See.

LAGE: Bergstr. 2, 82346 Andechs
www.andechs.de
Haltestellen: Herrsching (S8, für Fußweg) oder Starnberg-Nord (S6) und weiter mit Bus 951 bis Haltestelle Andechs-Kloster
Anfahrt: A 96 bis Ausfahrt Wörthsee, dann Andechser Straße

Bayerische Idylle im Künstlerdorf

AM WESSLINGER SEE

Beschaulich liegt er da, der Weßlinger See. Nur fünf Minuten von der S-Bahn-Station entfernt, lädt er mitten im Herz des Dörfchens Weßling zum perfekten Tagesausflug und Spaziergang ein. Die kleine Gassi-Runde um den See herum ist mit drei Kilometern nicht allzu lang – hier merkt man, dass der Weßlinger See eben das kleinste Gewässer im Fünf-Seen-Land ist. Das macht ihn aber nicht weniger idyllisch. Schon Maler wie Renoir und Carl Schuch wussten von seinen Reizen und waren hier zu Besuch. Weßling schmückt sich deswegen mit dem Titel »Künstlerdorf«.

Auf dem etwa einstündigen Rundweg am renaturierten Ufer entlang muss man aber kein bekannter Künstler sein, um von der Schönheit des Sees verzaubert zu werden. Unter den großen Laubbäumen und von vielen kleinen Holzstegen aus genießt man die reizvolle Aussicht. Nur eines muss man unbedingt beachten: Hunde sind als Badegäste im See gar nicht gern gesehen. Am besten kommt man also nach Weßling, wenn die Hitze nicht zu groß ist. Besonders schön ist der See sowieso im Herbst, wenn sich die vielen Bäume am Ufer bunt verfärben. Weil er eben etwas kleiner ist, friert der See übrigens gern mal zu und ist so auch im Winter einen Ausflug wert. Zum Aufwärmen geht's dann einfach ins *Café am See*.

Hat man dann noch etwas vergessen? Natürlich, den bekanntesten Einwohner Weßlings: Alois Alzheimer, der Erforscher der nach ihm benannten Krankheit, wohnte für einige Zeit in einer Villa direkt am See. Wer wissen will, wo genau sie liegt, achtet beim Spazierengehen einfach auf die Straßenschilder. Beim Alzheimergaßl könnte man richtig sein …

LAGE: Weßlinger See, 82234 Weßling
www.cafe-aenishaenslin.de
Haltestelle: Weßling (S5)
Anfahrt: A 96 bis Ausfahrt Oberpfaffenhofen

Königliche Luft schnuppern

STARNBERGER SEE UND SCHLOSS BERG

Einen hübschen Spaziergang kann man von Starnberg aus in Richtung Berg unternehmen. Man läuft immer am See entlang, und wenn keine Badesaison ist, passiert man viele schöne Wiesen, wo der Hund laufen und toben kann. Weiter geht es dann über Kempfenhausen nach Berg, wo man im Hotel Schloss Berg einkehren kann. König Ludwig II. nutzte das Schloss als Sommerresidenz; eigens zu diesem Zweck wurde eine Telegrafenleitung zwischen München und Berg eingerichtet, damit er leichter seine Staatsgeschäfte erledigen konnte. Hier verbrachte er übrigens die meiste Zeit seines Lebens und empfing auch Gäste wie Richard Wagner oder die russische Zarin Maria Alexandrowna. Nach seiner Entmündigung 1886 wurde Ludwig II. hier interniert und brach mit Professor von Gudden zu einem Spaziergang auf, von dem beide nicht mehr lebend zurückkamen.

Die Dampfer fahren nur in der Sommersaison.

In Richtung Leoni weiter laufend, kann man die Votivkapelle und das im seichten Wasser stehende Holzkreuz besichtigen, die beide an Ludwigs Tod erinnern. Alljährlich findet hier rund um seinen Todestag (13. Juni) eine Gedenkmesse statt. Zahlreiche festlich gekleidete Königstreue mit prächtigen Fahnenabordnungen halten dann im Gedenken inne.

Kaffee gibt es im *Fischermeister-Café Gastl*. Und wenn man von Leoni mit dem Schiff zurück nach Starnberg fährt, sieht man auch Schloss Berg, das leider nicht besichtigt werden kann. Oder man macht eine größere Rundfahrt über den See und besieht sich noch die Roseninsel auf der gegenüberliegenden Seite.

LAGE: Starnberger See, 82139 Starnberg
www.bayregio-starnberger-see.de
Haltestelle: Starnberg (S6)
Anfahrt: A 95 bis Starnberg, dann B 2

Kunst im Schloss

ISMANINGER SCHLOSSPARK UND KALLMANN-MUSEUM

Für kunstinteressierte Hundebesitzer lohnt sich ein Ausflug ins nördlich von München gelegene Ismaning. Bei schönem Wetter bietet sich für den Hinweg eine Fahrradtour an: von München aus durch den Englischen Garten, vorbei am *Aumeister*-Biergarten und danach rechts der Isar entlang weiter bis zum Ismaninger Schlosspark. Wenn es besonders heiß ist, kann man noch einen Zwischenstopp am Poschinger Weiher einlegen – allerdings ist das Baden für Hunde dort nur von Mitte September bis Anfang Mai erlaubt, also nicht während der Badesaison.

Der ursprünglich barocke Park wurde im Jahr 1807 vom renommierten Landschaftsarchitekten Friedrich Ludwig von Sckell zum Englischen Landschaftsgarten umgestaltet. Die Anlage mit Schloss, Park und Nebengebäuden beherbergt das Schlossmuseum, eine Galerie im Schlosspavillon und in der ehemaligen Orangerie das Kallmann-Museum für moderne und zeitgenössische Kunst, das dem Lebenswerk des 1991 verstorbenen Malers Hans Jürgen Kallmann gewidmet ist.

Beim Herumtoben im weitläufigen Park (es gibt sogar ein Heckenlabyrinth) können sich die Fellnasen gründlich auspowern. Danach gibt's für Herrchen oder Frauchen eine Kaffeepause im Hof des Kallmann-Museums und – wenn die Geduld des Vierbeiners es zulässt und er währenddessen brav im Hof wartet – auch noch ein kurzen, aber lohnenswerten Besuch der aktuellen Ausstellung.

Den Heimweg kann man entweder ebenfalls mit dem Fahrrad antreten, oder man fährt einfach mit der S8 zurück in die Stadt.

LAGE: Schloßstr. 1, 85737 Ismaning
www.ismaning.de; www.kallmann-museum.de
Haltestelle: Ismaning (S8)
Anfahrt: Richtung Unterföhring, dann weiter auf Münchner Straße

Im Herzen Münchens

DURCH DIE MAXIMILIANSANLAGEN ZUR VILLA STUCK

Diesen Ausflug im Herzen Münchens startet man am besten sonntagmorgens mit einem »Königlich Bayerischen Sonntagsbrunch« in der Landtagsgaststätte des Bayerischen Landtags. Dieser hat seinen Sitz seit 1949 im imposanten Maximilianeum, das mit seiner 150 Meter langen Schaufassade am östlichen Isarhochufer in Haidhausen thront.

Danach geht es weiter durch die Maximiliansanlagen in Richtung Friedensengel, der sich knapp einen Kilometer weiter nördlich befindet. Die Maximiliansanlagen bezeichnen die rund 30 Hektar Park- und Gartenanlagen zwischen der Ludwigsbrücke im Süden und der Max-Joseph-Brücke im Norden. Auftraggeber und Namensgeber war König Maximilian II., der Vater des berühmt-berüchtigten Märchenkönigs Ludwig II. Etwa auf halber Strecke durch den Park trifft man auf einen kleinen See, an dem sich regelmäßig sozialverträgliche Hunde und Halter zum Spielen treffen.

Wenn sich die Vierbeiner ausgetobt haben, geht es weiter zum berühmten Friedensengel. Das Friedensdenkmal, so der offizielle Name, soll an den Friedensschluss nach dem Ende des Deutsch-Französischen Kriegs 1870/71 erinnern. Von hier aus verlässt man die Parkanlagen über die Prinzregentenstraße in Richtung Europaplatz und zum Museum Villa Stuck. Im idyllischen Künstlergarten der Villa befindet sich der Gartenbereich des Museumscafés, in dem auch Hunde willkommen sind. Hier kann man den Ausflug bei Kaffee und Kuchen entspannt ausklingen lassen – und hört vielleicht im Geiste dort noch den Familienhund Franz von Stucks, einen Terrier namens Flexi, herumtollen …

LAGE: Max-Planck-Str. 1, 81675 München
www.landtagsgaststaette.de; www.villastuck.de
Haltestelle: Max-Weber-Platz (U4, U5, Tram 18, 25)

Wandern und Mäandern im Würmtal

DURCHS LEUTSTETTENER MOOS

Wir haben sie gefunden, die perfekte Kombination aus Wasserspaß und Auslauf: In die Fluten der Würm darf Hundchen sich so gut wie überall stürzen und darin nach Herzenslust toben und plantschen. Gleichzeitig ist das Würmtal, egal wo man Gassi geht, landschaftlich einfach wunderschön. Also auf an die Ufer der »alten Dame«!

Diesen Namen hat sich die Würm zurecht verdient: Nach ihr ist immerhin die letzte Eiszeit im Alpenvorland benannt – die Würm-Eiszeit –, und die ist bereits 10 000 Jahre her. Seit langer, langer Zeit fließt der abwechslungsreiche Fluss also schon vom Starnberger See nach München hinein. Kein Wunder, dass Herr wie Hund an ihren Ufern so einiges entdecken können. Egal, wo man im Würmtal spazieren geht, zeigt sich der Fluss mal wild und ungebändigt, mal zahm und urgemütlich. Besonders schön ist der Abschnitt kurz vor Starnberg: das verwunschen anmutende Leutstettener Moos. Hier soll früher ein schwarzer Gespensterpudel sein Unwesen getrieben haben. Gut, dass wir unsere eigenen Hunde dabeihaben, die uns vor allen Gefahren schützen.

Besichtigen kann man die Ausgrabung der *Villa rustica*, die Reste eines römischen Gutshofs aus dem 2. Jahrhundert, und kulinarisch verwöhnt wird man in der *Schlossgaststätte Leutstetten*. Anschließend spaziert man weiter bis nach Starnberg, wo man auf den See trifft. Der hieß übrigens bis in die 1960er-Jahre hinein noch nach seinem einzigen Abfluss, der Würm – eben Würmsee. Hier gibt es eine hübsche Strandpromenade und zwischendurch immer wieder Möglichkeiten, den Hund ins Wasser hüpfen zu lassen.

LAGE: Leutstettener Moos, 82319 Starnberg
www.wuermtal.net; www.gfag-gauting.de/archaeologie
Haltestellen: alle der S6 zwischen Gräfelfing und Starnberg

Fashion für den Hund

BLUE DIVA IM GLOCKENBACHVIERTEL

Kleider machen Leute. Und warum soll der Hund da zu kurz kommen? Schließlich weiß auch der Hund von Welt, wie er sich perfekt in Szene setzen kann. Mit den Eigenkreationen von *Blue Diva* werden nicht nur die wunderschönen Dackelaugen unterstrichen, und wenn man dann seinem Pudel mit einem Doggydana (= Bandana für den Hund) um den Hals keinen Wunsch mehr abschlagen möchte, kann man praktischerweise die Leckerlies auch gleich hier kaufen. Das Ganze ist eher für den exaltierten Geschmack gedacht: Kissen mit Leopardenmuster, Loops und Bandanas für den Hund (alles Einzelstücke) und vieles mehr.

LAGE: Klenzestr. 88 (Eingang Auenstr.), 80469 München
www.blue-diva.de
Haltestelle: Klenzestraße (Bus 132)

Tierisches Wiesn-Feeling

IM HAUS DES HUNDES UND BEI ISARSTOLZ

Zwar ist das Mitführen von Hunden auf dem Oktoberfest strikt untersagt, wer seinem Vierbeiner aber das Wiesn-Feeling nicht vorenthalten will, der kann im *Haus des Hundes* eine zünftige Tracht kaufen. Im Mathäser Kino-Center sitzt das Zoo-Fachgeschäft, in dem man Wintermäntel, Regenmäntel, Mäntel mit Bein, Mäntel speziell für Möpse und französische Bulldoggen, T-Shirts, Strickpullover, Sweatshirts, Jogginganzüge, Kleider, Hochzeitsanzüge und Hochzeitskleider, Fliegen mit Kragen, Hundebrillen, Halstücher, Sicherheitswesten und -halstücher erwerben kann und eben auch: Lederhosen und Dirndl. Kombiniert mit einem eigens angefertigten Lederhalsband, das einem Trachtengürtel gleicht, oder auch einer entsprechenden Leine macht der tierische Begleiter dann schon ziemlich was her – Wiesn-Feeling pur.

Das passende Outfit zu Frauchens Dirndl oder Herrchens Lederhosen gibt es auch beim Münchner Label *Isarstolz*. Über den Onlineshop kann man wunderschöne Lederhalsbänder im traditionellen Trachtenlook kaufen. Wie es sich für eine zünftige Tracht gehört, sind die Halsbänder aus gegerbtem Rindsleder und liebevoll mit klassischen Eichblattstickereien und Ziernähten in Rot, Blau oder Grün veredelt. Die Modelle heißen »Resl«, »Ludwig« oder »Fritz« und sind in verschiedenen Größen zu haben. Gefertigt werden sie von Hand in einer kleinen Sattlerei am Rand von München – deshalb ist jedes der Trachtenhalsbänder ein Unikat. Die eingesetzten Materialien stammen aus der Region und: Sie sehen nicht nur schick aus, sondern sind auch super verarbeitet, robust und richtig bequem.

LAGE: Bayerstr. 3–5 (im Mathäser Kino-Center), 80335 München
www.hausdeshundes.de; www.isarstolz.de
Haltestelle: München-Hbf. oder Karlsplatz/Stachus (S-Bahnen)

Made in Bavaria

HUNDEKÖRBCHEN VON ISARHUND

»Handgemacht = herzgemacht« wissen die fleißigen Mitarbeiter von *Isarhund*. Ganz nach diesem Motto nähen und fertigen sie in Gilching seit 2016 ihre ausgefuchsten Hundekörbchen. Sandra, die Gründerin des Unternehmens, ist Mutter von vier Söhnen, Hundemama von sieben Fellnasen und bereits seit vielen Jahren im Tierschutz tätig. Wer sollte sich also besser mit den Bedürfnissen von Hunden auskennen?

Auch erhältlich bei *Hundskerle*, Rosenheimer Str. 69, 81667 München

Wo möchte es sich Hunderl denn heute gemütlich machen? Auf »Peca«, »Mino« oder doch lieber auf »Mupfel«? Die Körbchen oder Sitzkissen, die ganz nach den eigenen Wünschen gestaltet werden, verhelfen garantiert jedem Vierbeiner dazu, sich wie ein richtiger König zu fühlen. Für das ultimative Höhlen-Feeling an kalten Tagen gibt es auch die Varianten mit abnehmbarer oder integrierter Kuscheldecke – purer Hundeluxus! Und dann ist da natürlich noch das Herzstück von *Isarhund*, das deswegen auch gleich so genannt wurde: das exklusive Hunde-Reisekörbchen in der schicken Tasche. Mit Halterungen fürs Auto, Abdeckungen fürs Flugzeug und einer Umwandelfunktion zum Hundebett ist man damit für jede Reise bestens gerüstet. Sollte das Körbchen einmal Schmutz abbekommen, kann es sogar ganz einfach in die Waschmaschine. Im Online-Herzstück-Konfigurator kann man sich seine Hundetransporttasche ganz individuell selbst zusammenbasteln. Vielleicht das einzige Problem: Bei über hundert Stoffen bleibt dann nur die Frage, für welchen man sich entscheiden soll … Fazit: *Isarhund*-Körbchen sind für den modernen Hund von Welt unverzichtbar!

LAGE: Griesbergstr. 1b, 82205 Gilching
www.isarhund.de
Haltestelle: Geisenbrunn (S8)
Anfahrt: A 96 bis Ausfahrt Gilching

SAN FRANCISCO
PAT PEND

Schnipp, schnapp, Mähne ab!

BEIM HUNDEFRISEUR IL CAGNOLINO

Dass hin und wieder die Haare gestutzt werden müssen, ist auch bei Hunden der Fall. Denn wenn das Fell verfilzt, können ganz schnell Hautprobleme entstehen, die für kein Tier besonders angenehm sind. Warum also nicht einfach mal einen Termin beim stilvoll eingerichteten Friseursalon in Großhadern ausmachen und dem tierischen Begleiter etwas Gutes tun?

Maurizio Grünewälder-Gaudini ist ausgebildeter Pferdewirt, Groomer (engl. für striegeln, vorbereiten) und langjähriger Hundehalter. Bei *Il Cagnolino* ist alles ein wenig anders. Der Salon ist sehr schick, zur Begrüßung gibt's eine Tasse Cappuccino mit Keks oder auch ein Gläschen Sekt. Hier legt man Wert darauf, dass sich die Hunde wohlfühlen und dass sie stressfrei behandelt werden können. Exaltierte Hundefrisuren werden genauso angeboten wie die normale Fellpflege, dazu Ohren- und Augenpflege sowie Krallen- und Ballenpflege.

Es gibt einen reinen Kennenlern-Termin für ängstliche Hunde, und die Halter der Hunde dürfen auch immer mit dabei bleiben. Sie werden mit eingebunden, sodass der Hund nicht fixiert werden muss. Abends darf man zum Welpen-Service kommen, da wird der junge Hund ca. 15–20 Minuten spielerisch an die Geräusche und Geräte im Salon herangeführt – so steht einer schicken Hundefrisur nichts mehr im Wege.

LAGE: Würmtalstr. 102, 81375 München
www.il-cagnolino.de
Haltestelle: Großhadern (U6)

Gepflegte Zamperl

IM ZAMPERLSALON VON SABRINA BISCHOF

Leider ist der Beruf des Hundefriseurs in Deutschland nicht geschützt, und so kann jeder einen Hundesalon eröffnen. Das Ergebnis sind allerdings oft Hundefriseure, die mit einer Schermaschine das Fell einfach nur abscheren. Die Hunde sehen danach dementsprechend aus, das Fell wird durchs Abscheren kaputt gemacht und die wichtige Funktion des Fells wird zerstört. Die Unterwolle nimmt immer mehr zu, und somit ist bald kein Platz mehr für das wichtige Deckhaar.

Ganz anders im *Zamperlsalon* in Berg am Laim: Hier wird die klassische Badepflege angeboten, dazu Auskämmen und Föhnen, alles mit hochwertigen Produkten (ohne Tierversuche und auf natürlicher Basis ohne Silikone). Man kann die Unterwolle entfernen und den Hund entfilzen lassen, es wird geschnitten, per Hand getrimmt und geschoren, je nach Rasse und Fellbeschaffenheit. Natürlich werden auch Augen, Ohren und Pfötchen gepflegt.

Sabrina Bischof, die Inhaberin, ist eine staatlich geprüfte Betriebswirtin und Profi-Groomerin. Zu Beginn jeder Behandlung steht eine ausführliche Begutachtung des Hundes, um einzuschätzen, was gemacht werden muss. Sollte es dem Tier einmal zu lange dauern oder zu stressig werden, gibt es Pausen oder es geht am nächsten Tag weiter. Natürlich gibt es auch keine Galgen oder sonstigen Haltevorrichtungen, denn Frau Bischof möchte vermeiden, dass die Hunde sich fürchten und ungern wiederkommen.

LAGE: Kreillerstr. 114, 81825 München
www.zamperlsalon.de
Haltestelle: Kreillerstraße (U2, U8)

Fünf-Sterne-Luxus für alle

EXKLUSIVES CANIS RESORT

Ich bin ja der Meinung, dass man seinen Hund mit in den Urlaub nehmen sollte. Dafür hat man ihn ja, und will man nicht ausgerechnet die entspannteste Zeit des Jahres mit seinem Vierbeiner verbringen? Und ich glaube auch, dass Hunde es schätzen, wenn Herrchen oder Frauchen sie zum Friseur oder zum Arzt begleiten.

Nichtsdestotrotz ist man manchmal in der misslichen Lage, dass man eine Betreuung für den Hund braucht, sei es halbtags, ganztags, übers Wochenende oder auch für länger. Und wenn man dann auch noch zu den Schönen und Reichen zählt, für die München ja berühmt ist, dann ist das *Canis Resort*, eine Art Fünf-Sterne-Hotel für den Hund, sicher die richtige Adresse: ein eigenes gemütliches Bett, das mit Luxusdecken ausgestattet ist, ein eigener, mit Namen beschrifteter Futternapf, individuelle menschliche Streicheleinheiten in den Abendstunden und Dogsitter, die auch zu den Schlafenszeiten ständig über die träumenden Hunde wachen. Dazu Grooming-Service und ärztliche Betreuung. Man kann seinen Hund hier aber auch nur stundenweise oder für einen Tag abgeben. Dann genießt der Hund viel Auslauf auf dem großzügig und speziell für Hunde konzipierten Gelände, hat Zeit fürs Toben und Spielen mit Artgenossen und den erfahrenen Dogsittern, aber auch für Ruhe und Entspannung. Dazu gibt es jede Menge Streicheleinheiten in der eigenen exklusiven Doglounge.

LAGE: Erdinger Str. 135, 85356 Freising
www.canisresort.com
Haltestelle: GE Erdinger Straße (RE, S1, S8 bis Bhf. Freising und weiter mit Bussen)

Styling international

DER JAPANISCHE HUNDESALON TANAKA

Der *Hundesalon Tanaka* ist der erste japanische Hundesalon in München. Hier werden also auch Englisch und Japanisch sprechende Hunde behandelt. Beziehungsweise wird auf Japanisch, Deutsch oder Englisch mit deren Herrchen und Frauchen kommuniziert. Spanisch spricht Frau Tanaka übrigens auch.

Der Hundesalon befindet sich im Glockenbachviertel und ist auf rassetypische Frisuren spezialisiert: klassisch, stylisch, individuell oder kunstvoll inspiriert. Frisuren, die eben optimal zu den Hunden und auch zu den Haltern passen – und auf die anspruchsvollen Standardschnitte gemäß FCI. Ob rassespezifisch getrimmt oder präzise und kunstvoll von Hand mit der Schere geschnitten: Jede Frisur ist hier von Meisterhand. Alle Arbeiten werden mit Geduld und ohne Hektik ausgeführt. Auch gibt es keine Galgen, der Aufenthalt für den Hund wird so stressfrei wie möglich gestaltet.

Menschen wie Hunde sind übrigens auch willkommen, sich den Salon einfach einmal anzuschauen und sich ein Bild zu machen und alles erst mal richtig kennenzulernen. Ein kleines, aber feines Angebot an Hundeartikeln rundet das Programm ab.

LAGE: Rumfordstr. 16, 80469 München
www.hundesalon-tanaka.de
Haltestelle: Reichenbachplatz (Tram 16, 17)

Physiotherapie mit Unterwasserlaufband

PRAXIS NATURPFOTE

Was für uns Menschen schon längst fester Bestandteil bei der Behandlung von Rückenschmerzen, Hexenschuss & Co. ist, rückt in der Tiermedizin erst langsam in den Fokus. Dabei lohnt es sich oftmals, einen Termin beim Hunde-Physiotherapeuten zu machen, wenn der vierbeinige Freund plötzlich anfängt, Schwierigkeiten bei bestimmten Bewegungen zu haben, aber auch für eine schnellere Heilung nach Operationen oder Verletzungen. Darüber hinaus kann es durchaus sein, dass vermeintliche Alterserscheinungen auf Schmerzen im Bewegungsapparat zurückzuführen sind. Durch gezielte Kraft- und Dehnübungen sowie Massagen werden bei der Physiotherapie gesunde Bewegungsabläufe wiederhergestellt, muskuläre Dysbalancen ausgeglichen und Schmerzen gelindert. So erhöhen sich neben der Beweglichkeit in vielen Fällen auch die Lebensqualität und -dauer der behandelten Tiere.

Wichtig ist, dass die Behandlung immer von einem dafür ausgebildeten Physiotherapeuten durchgeführt wird. In und um München finden sich einige auf Hunde spezialisierte Therapie-Einrichtungen, wie z. B. die Praxis *NaturPfote* in Schwabing-Freimann. Neben klassischer Physiotherapie und Naturheilkunde bietet das Team dort zum einen Akupunktur und Stromtherapie an, zum anderen auch eine ganz besondere Art der Therapie: Training auf dem Unterwasserlaufband. Nach einer gründlichen Anamnese erfolgt zunächst ein Testlauf, der zeigt, ob diese Behandlungsform für den jeweiligen Vierbeiner infrage kommt. Wenn alles passt, ist es eine großartige Möglichkeit für Hunde jeder Größe, um auf besonders gelenkschonende Weise die Muskulatur zu trainieren und aufzubauen.

LAGE: Garchinger Str. 26, 80805 München
www.naturpfote.jimdosite.com
Haltestelle: Alte Heide (U6)

Homöopathie für Hunde

TIERHEILPRAXIS PETRA STEIN

Ist der vierbeinige Freund krank, folgt in der Regel der Gang zum Tierarzt. Manchmal reicht es nicht aus, nur die sichtbaren Symptome zu bekämpfen. Die Suche nach der Ursache stellt sich meist als schwierig heraus, da auch die Haltung und Ernährung sowie züchterische Manipulationen zu organischen Disharmonien führen können. Tier-Heilpraktiker haben sich auf die naturheilkundliche Behandlung von Hunden spezialisiert, die keine Konkurrenz zur klassischen Schulmedizin darstellt, sondern im Idealfall eine Ergänzung ist. Die Kommunikation mit dem Tierhalter ist für die Ursachenfindung in der Tiernaturheilkunde unerlässlich.

Eine erfahrene Therapeutin in München ist die Tierheilpraktikerin Petra Stein, die sich seit über 30 Jahren vor allem auf die Behandlung von Hunden und Katzen spezialisiert hat. Neben der Tätigkeit in ihrer Praxis ist sie als Dozentin und Autorin über das Thema »Naturheilkunde für Hunde« aktiv. Zu ihren Behandlungsmethoden gehören u. a. Homöopathie, Bach-Blüten-Therapie oder auch Zytoplasmatische Therapie zur Behandlung von Degenerationen. Einen besonderen Stellenwert nimmt darüber hinaus die naturheilkundliche Diagnostik mittels Bio-Resonanz-Analyse ein.

Außerdem bietet Petra Stein auch Akupunktur als Behandlungsmöglichkeit an. Da es nur selten möglich ist, diese Therapieform mittels der traditionellen Nadeln durchzuführen, behandelt sie ihre tierischen Patienten stattdessen mittels Infrarot-Laser. Durch den Laserstrahl wird ein adäquater Reiz ausgelöst wie bei der klassischen Akupunktur mit Nadeln, jedoch völlig schmerzfrei, sodass die Tiere die Behandlung kaum wahrnehmen.

LAGE: Schubertstr. 7, 80336 München
www.tierheilpraxis-stein.de
Haltestelle: Goetheplatz (U6), dann 5 Min. Fußweg

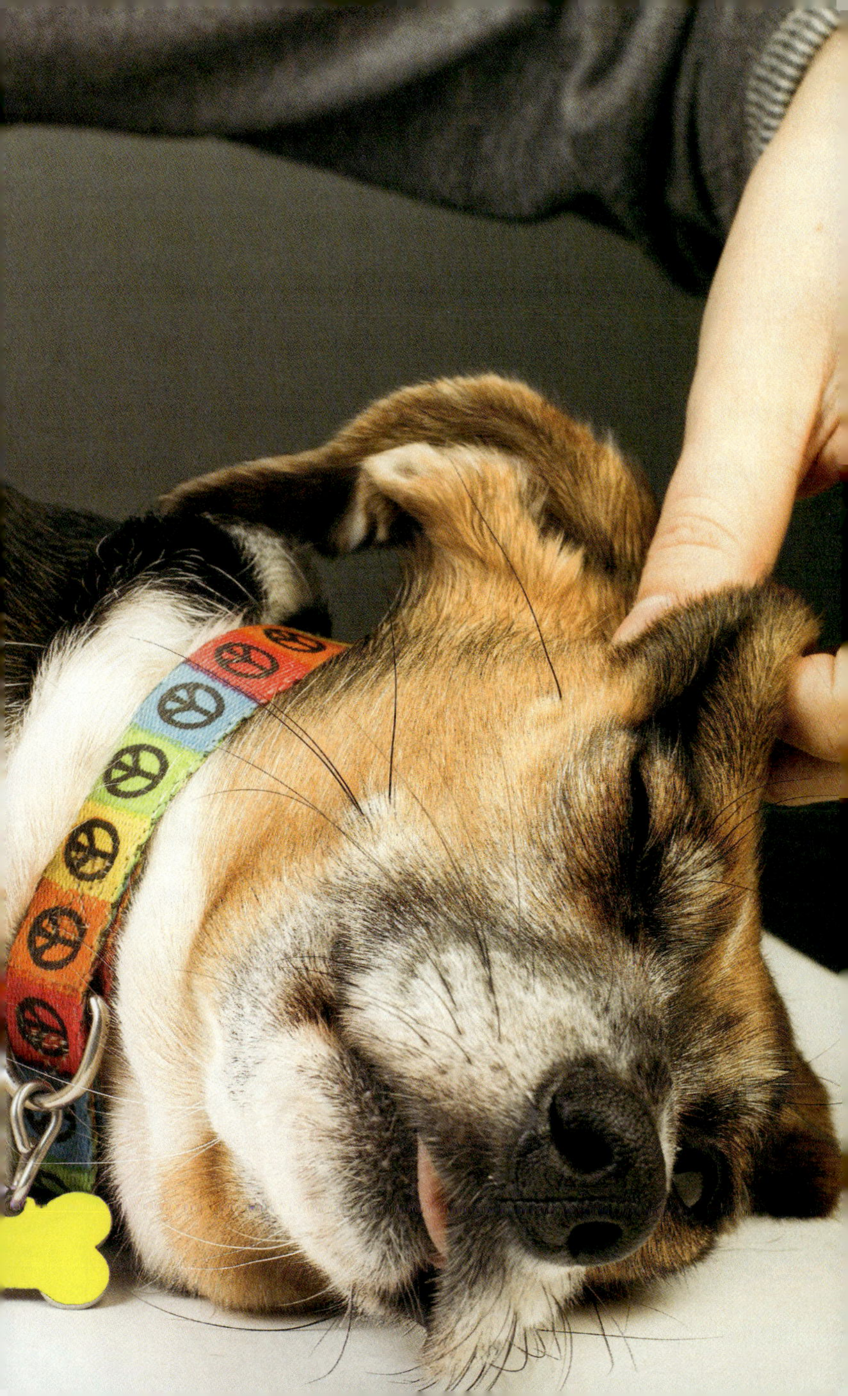

Wellness-Urlaub auf vier Pfoten

GUT ISING AM CHIEMSEE

Gut Ising ist zuallererst einmal ein wunderschönes, sehr stilvolles Hotel am Ufer des Chiemsees, mit 170 Hektar Terrain drumherum. In mehreren Restaurants lässt es sich köstlich speisen, das Personal ist sehr freundlich und hilfsbereit und der Chiemsee ja sowieso immer eine Reise wert. Man kann golfen und reiten (Pferde können übrigens auch mitgebracht werden), weite Spaziergänge unternehmen und vom hauseigenen Grundstück aus im Chiemsee schwimmen. Außerdem kann man segeln und Tennis spielen. Oder wie wäre es mit Surfen, Kiten, Kegeln oder Radfahren? Oder im Winter mit Langlaufen oder Biathlon?

Das Besondere hierbei ist, dass der Hund überall hin mit darf, auch ins Restaurant und auch in die Bar. Hunde dürfen ihre Zweibeiner sogar auf den Golfplatz begleiten, und selbst die Weihnachtsfeier im Hotel ist ein Erlebnis, wenn die meisten Gäste ihren Hund mitbringen. Nur in der Wellnesslandschaft sind Hunde nicht erlaubt. Diese wurde gründlich renoviert und bietet einen riesigen Außenwhirlpool, einen Innenpool mit Poolbar, eine Saunalandschaft und einen Fitnessraum. Der Hund bleibt sicher gern auch einmal für kurze Zeit auf dem Zimmer, wenn er sich vorher richtig ausgetobt hat und von den hoteleigenen Leckerchen kosten durfte. Erwähnt sei noch die Hundedusche, wo das Tier mit speziellem Kräutershampoo gereinigt werden kann, was vor allem im Winter nach ausgiebigem Wandern oft notwendig ist.

LAGE: Kirchberg 3, 83339 Chieming
www.gut-ising.de
Haltestellen: Traunstein (RB), von dort mit Bus bis Ising Kapelle/Chieming
Anfahrt: A 8 bis Ausfahrt Grabenstätt

Hunde-Urlaub im Herzen Tirols

IM HOTEL HUNDEPARADIES

Das *Hundeparadies*, ein Hotel im Herzen der Alpen, inmitten der überwältigenden Landschaft des Wilden Kaisers in Tirol, bietet Hunden und ihren Besitzern alles, was man sich wünscht – keinen unnötigen Luxus, sondern eine wahre Wohlfühlatmosphäre für Hundehalter. Unseren vierbeinigen Freunden werden hier jede Menge Annehmlichkeiten geboten, z. B. ein höhenverstellbarer Wasser- und Futternapf. Und Hunde kosten auch nichts extra, selbst wenn man zwei mitbringt.

Es gibt eine Broschüre mit selbst erprobten alpinen Wanderrouten, die auch für Hunde geeignet sind. Gut erzogene Hunde dürfen sich überall frei bewegen und sind auch bei allen Mahlzeiten im Restaurant willkommen. Durch die Höhenlage auf 1200 Metern, direkt an saftigen Almwiesen besteht keine Gefährdung durch Autos. 15 Minuten vom Haus entfernt gibt es einen wunderschönen Bergsee, in dem Mensch und Tier baden dürfen. Salzburg, Kitzbühel und Innsbruck sind nicht weit entfernt, falls einem die Bergidylle doch einmal zu viel werden sollte.

Ganz in der Nähe befindet sich die rustikale Gamsbockhütte, wo auch Hunde gern gesehen sind: Zweimal in der Woche gibt es hier einen zünftigen Abend. Taxis bringen einen wieder zurück zum Hotel, falls man zu tief in den Jägertee geschaut haben sollte.

Ebenfalls 15 Minuten mit dem Auto entfernt liegt die Müllneralm; von hier aus geht es nur noch zu Fuß weiter. Die Wanderer können den Hausberg, das Kitzbüheler Horn (2000 m), besteigen und noch viele weitere Gipfel im Kaisergebirge erklimmen.

LAGE: Almen 2, A-6372 Oberndorf in Tirol
www.hundeparadies.com
Haltestelle: St. Johann (ÖBB), dann Gondelbahn Harschbichl
Anfahrt: A 8, A 93, A 12 Kufstein bis Ausfahrt Kufstein-Süd, weiter B 173 und B 178

Sport und Wellness in Oberammergau

HUNDESPORTHOTEL WOLF

Auch das Hotel Wolf in Oberammergau ist ganz auf Gäste mit Hunden ausgerichtet. Es gibt einen Außenplatz mit Hundepool, der von April bis Mitte November in Betrieb ist, und für die Menschen ein Freischwimmbad, das von Mai bis Oktober benutzt werden kann. Dazu eine Liegewiese, auf der sich auch die Vierbeiner ausruhen dürfen. Für Hunde gibt es einen Physiotherapiebereich mit Unterwasserlaufband und eine Hunde-Physiotherapeutin, bei der man Anwendungen buchen kann, wenn man seinem Hund eine wahre Wohltat erweisen will. In jedem Zimmer befinden sich ein Hundebett und ein Fressnapf. Zwei Hundeduschen und eine Magnetfeldmatte runden das Angebot ab – und schon ist für einen sauberen, entspannten Hund gesorgt!

Besonders berühmt ist das Hotel jedoch für seine Hunde-Sporthallen mit Geräten sowie die »Dog Dance Gym«, die man nach Absprache benutzen kann. Man kann außerdem Seminare in den verschiedensten Hundesportarten buchen (am besten schon bei der Planung des Urlaubs!): Agility, Dogdance, Hoopility, Obedience oder etwa Schnüffelspiele und Individualtraining. Direkt nebenan erwartet die Zweibeiner in einem Blockhaus eine gemütliche kleine Wellnessinsel mit finnischer Sauna, Dampfbad und Solarium. Als Gast des Hotels kann man sich hier nach Vereinbarung mit einer Massage oder einer speziellen Behandlung (Ohrkerzen, Fußreflexzonen, Cranio-Sacral-Therapie etc.) verwöhnen lassen.

Wer Kultur erleben will, dem seien Schloss Neuschwanstein in Füssen und Schloss Linderhof bzw. das Kloster Ettal empfohlen, und auch nach Garmisch-Partenkirchen oder Murnau lohnt sich ein Ausflug.

LAGE: Dorfstr. 1, 82847 Oberammergau
www.hotel-wolf.de
Haltestelle: Bhf. Oberammergau (RB über Murnau)
Anfahrt: A 95 und B 2, weiter über B 23

Stern am Hundehimmel

DOGOTEL IN POSTMÜNSTER

Das *Dogotel* (Seehotel Moldan) in Postmünster im Kreis Rottal-Inn nahe der österreichischen Grenze nennt sich selbst den »Stern am Hundehimmel«, und das trifft es ziemlich gut: Hier wird gar nicht der Zweibeiner, sondern gleich der Vierbeiner angesprochen. Das ganze Hotelgelände ist eingezäunt, sodass Hunde ungefährdet herumlaufen dürfen. In der kleinen Indoor-Hundehalle direkt im Hotel können Hunde Agility, Dogdance und noch vieles mehr ausprobieren. Neben dem Hotel gibt es auf 10 000 Quadratmetern einen Agilitäts-Parcours auf einer extra ausgewiesenen Hundewiese. Frauchen und Herrchen können es sich auf Liegestühlen bequem machen, während Hundchen tobt.

Die leckere Hunde-Wurst des Hotels, »Moldans Mampf«, gibt's im Hotel und online zu erweben.

Ganz in der Nähe gibt es einen großen Stausee, wo der Hund in den Schonzeiten an die Leine muss – dafür dürfen hier aber sonst auch Menschen UND Hunde ins Wasser. Im Haus praktiziert eine Tierärztin mit Spezialgebiet Akupunktur. Außerdem gibt es einen Hunde-Physiotherapeuten, einen Tierlehrer und sogar einen Koch, der nicht nur für Menschen, sondern auch für Hunde kocht. Eine wirkliche Besonderheit ist übrigens, dass man zum Wellness oder zu kosmetischen Anwendungen seinen Hund mitnehmen darf. An Wohlfühlabenden kann man u. a. verschiedene Meditationen und Entspannungstechniken erlernen sowie viel über Aromatherapie erfahren, und das alles mit dem Hund! Kein Wunder also, dass 2014 das Hotel den »Dogs Award« gewonnen hat.

LAGE: Seestr. 10, 84389 Postmünster
www.dogotel.de
Anfahrt: A 94 bis Ausfahrt Neuötting, dann B 588, B 388

Seehotel Moldan

Dolce Vita mit Hundeliebe

OSTERIA DA MASSIMO

Über 500 italienische Restaurants gibt es in München. Wie soll man da nur sein Lieblingslokal auswählen? Na, ganz einfach: Man geht dorthin, wo auch der Hund gerne is(s)t! Ein heißer Tipp ist die *Osteria da Massimo* in Moosach. Hier bringen Ulrike und Massimo Simone zusammen mit ihrem Team italienische Lebensfreude auf den Teller. Wohlfühlstimmung für Mensch und Tier gibt es gratis dazu. Neben der klassischen Holzofenpizza und leckerer Pasta – natürlich selbst gemacht – besticht die ursprünglich sardische Küche mit ihren ausgefallenen Kreationen und neu interpretierten Spezialitäten. Wie wäre es denn mit einem Avocado-Minz-Lachs-Tartar zur Vorspeise, gefolgt von Zander mit Gambas-Ragout und Spargel in Cognac-Creme-Sauce? Wer lieber auf den Klassiker, die Pizza, ausweicht, sollte unbedingt montagabends vorbeischauen: Ab 18 Uhr ist dann »Pizza Time«, und alle *Pizze classiche* kosten nur unschlagbare 7,50 Euro. Zwischen 18 und 21 Uhr gibt es zudem täglich die »Campari Hour« – der Vierbeiner darf dann stilvoll seinen »Hunde-Champagner« aus den eigens für die Osteria gefertigten Näpfen schlürfen. Echte italienische Gastfreundschaft eben!

Im Sommer kann man es sich im Biergarten gemütlich machen und unter Kastanienbaum und blau-weißem Himmel mit »Massimo's Campari« in der einen und dem Hunderl an der anderen Hand die bayrisch-italienische Lebenskultur der Osteria in vollen Zügen genießen.

LAGE: Dietrichstr. 2, 80637 München
www.osteria-da-massimo.de
Haltestelle: Borstei (Tram 20, 21)

Grillfest für alle!

ASADO STEAK

Asado – so bezeichnet man in Argentinien ein Grillfest. Dementsprechend kommen bei *Asado Steak* alle Grill-Liebhaber so richtig ins Schwärmen. Was darf es denn sein: Hüft-, Filet-, Rump- oder Rib-Eye-Steak? Oder doch lieber ein deftiger Burger? Aber das beste Essen bringt dem wahren Hundefreund nichts, wenn das Hunderl nicht mit von der Partie sein darf. Zum Glück finden richtige *Asado*-Grillfeste im Kreis der Familie und der engsten Freunde statt. Ganz nach dieser Philosophie dürfen bei *Asado Steak* natürlich auch die vierbeinigen Freunde und Familienmitglieder mitfeiern. Während wir unser Essen genießen, schlabbern sie glücklich in ihren persönlich für sie bereitgestellten Wassernäpfen vor sich hin. Und wenn der Bauch danach etwas spannt und Auslauf verlangt, ist zum Glück der Hirschgarten nur 10 Minuten vom Restaurant in Laim entfernt.

LAGE: Landsberger Str. 290, 80687 München
www.asado-steak.de
Haltestelle: Laim (S1–4, 6–8)

Des Münchners Paradies

AUGUSTINER AM DANTE

Der Münchner trinkt ja eigentlich sowieso nur Augustiner, und zum absoluten Glück braucht er dann nur noch einen reschen Krustenbraten und eine schöne Gaststube – und seinen treuesten Begleiter gemütlich unterm Tisch. Und hier, beim *Augustiner am Dante*, findet der Münchner Zamperlbesitzer all das. Ein wenig fernab vom Trubel der Innenstadt, abseits der Touristenpfade, mit anständigen Preisen sind die Speisen von überragender Qualität. Zudem gibt es Parkplätze, im Sommer ist in einem hübschen Außenbereich im ruhigen Seitenstraßerl für frische Luft gesorgt, und man kommt sehr gut mit echten Münchnern ins Gespräch, wenn man das will – gerade mit Hund gibt es ja immer Gesprächsstoff.

LAGE: Dantestr. 16, 80637 München
www.augustiner-am-dante.de
Haltestelle: Westfriedhof (U1, Bus 151, 164, 165, 180)

Hunde willkommen

RESTAURANT CATWALK

Wenn schon auf der Website steht, dass Hunde willkommen sind, dann freut sich das Herz des Hundebesitzers – der Name des Restaurants führt also ein wenig in die Irre: Hier kann der Hund statt der Topmodels scharwenzeln. Doch das *Catwalk* besticht noch mit anderen Argumenten: Am Anfang der Mauerkircherstraße gelegen und nur wenige Minuten vom Englischen Garten entfernt, ist es ein idealer Ort, um nach dem Spaziergang durch Münchens größten Park gemütlich einzukehren. Das Restaurant zeigt sich im modernen Look mit schicker Bar und einladend frischen Farben. Seinen Namen hat das *Catwalk* von einem angedeuteten Laufsteg im Fußboden. Hier erwartet den Gast den ganzen Tag über (9–17 Uhr) ein wunderbares (Langschläfer-)Frühstück: Über die große Schale Milchkaffee hinweg schweift der Blick durch die Rundbogenfenster zur Max-Joseph-Brücke. Mittags gibt's preiswerte Mittagsgerichte und abends ein köstliches Dinner. Draußen lockt im Sommer eine sehr schöne, gut beschirmte Terrasse.

LAGE: Mauerkircherstr. 2, 81679 München
www.catwalk-restaurant.de
Haltestelle: Mauerkircherstraße (Tram 16)

Auch für Hunde ein Besuch wert

CAFÉ RUFFINI

Im *Café Ruffini* gibt es bis 12 Uhr mittags leckeres Frühstück, am Wochenende sogar bis 16 Uhr. Ab 12 Uhr kann man täglich wechselnde Mittagsküche genießen, der kulinarische Schwerpunkt liegt auf Italien. Abends wird das *Ruffini* dann ein Restaurant, in dem man einen der über 30 italienischen Weine probieren sollte. Und im Sommer kann man es sich auf der Dachterrasse gut gehen lassen.

Neben dem Restaurant gibt es auch den *Ruffini*-Laden, wo ausschließlich mit Bioeiern gebackene Torten, Kuchen (weitbekannt in München) und Croissants aus eigener Backstube zum Kauf locken. Dazu 90 italienische Weine, Grappe, Olivenöle, Nudeln, Soßen, Bio-Kaffee- und Teesorten, sizilianische Schokolade und noch vieles mehr. Nach Ladenschluss kann man an der Bar einkaufen. Die Konditorei, das Weinhaus und das Restaurant sind auch Hunden erlaubt.

LAGE: Orffstr. 22–24, 80637 München
www.ruffini.de
Haltestelle: Dom-Pedro-Straße (Bus 144)

69

Wie zu Hause fühlen

CAFÉ LOTTI

Das *Café Lotti* in der Maxvorstadt ist längst kein Geheimtipp mehr und wird seinem guten Ruf auch aus vierbeiniger Perspektive mehr als gerecht. Nur das Reservieren – vor allem am Wochenende und zur Frühstückszeit – sollte Frauchen besser nicht vergessen. Credo des Cafés ist, dass man sich »wie bei einer guten Freundin zu Hause« fühlen soll, und das Konzept geht auf: Liebevolles Interieur in Rosa und Weiß, selbst gebackene Kuchen und nicht zuletzt der explizite Hinweis, dass Hunde herzlich willkommen sind und selbstverständlich ein Wassernapf bereitsteht, lassen unser hundeliebendes Herz höherschlagen.

LAGE: Schleißheimer Str. 13, 80333 München
www.cafe-lotti.cafe;
Haltestellen: Sandstraße (Tram 20, 21, 22), Stiglmaierplatz (U1, U7, U8)

Biergarten mit Isar-Idylle

DIE ISAR-ALM

In der Nähe des Flamingo-Eingangs des Tierparks Hellabrunn findet sich ein echter Geheimtipp: die *Isar-Alm*. Der idyllische kleine Biergarten liegt etwas versteckt in einer Kleingartenanlage zwischen Isarauen und Schönstraße und lässt sich perfekt mit einem ausgedehnten Spaziergang verbinden. Der charmante Wirt Christian Bade serviert hervorragende und vor allem bodenständige bayerische Küche: einfach, hausgemacht, in Bio-Qualität und zu bezahlbaren Preisen. Und dank der Lage ist der Biergarten auch an schönen Sommertagen nicht überlaufen, sodass man seine Brotzeit hier tatsächlich in aller Ruhe genießen kann.

LAGE: Nithartstr. 8, 81541 München
www.isaralm.de
Haltestellen: Tierpark-Alemannenstraße (Bus 52, X98), Thalkirchen (U6)

Ein Herr und sein Hund

AUF THOMAS MANNS UND BAUSCHANS SPUREN

»Mit Hilfe des Dieners wurde der vor Erstaunen widerstandslose Bauschan auf einen Tisch gebreitet, und dann war es rührend zu sehen, wie der Arzt ihm das schwarze Hörrohr ansetzte und das getigerte Männchen gewissenhaft auskultierte, ganz wie ich es mehr als einmal im Leben bei mir selbst hatte geschehen lassen.«

Bereits 1918 schrieb Thomas Mann seine Novelle »Herr und Hund«, die das alltägliche Leben mit seinem Bauschan widerspiegeln sollte. Im echten Leben starb der Settermischling mit nur vier Jahren. Das Zentrum für klinische Tiermedizin der Ludwig-Maximilians-Universität München hat mittlerweile eine Spezialklinik für Hunde und Katzen in der Veterinärstraße. Zu erreichen ist diese sowohl mit dem Auto als auch mit den öffentlichen Verkehrsmitteln. Hunde werden hier bestmöglich umsorgt, sodass man nach kurzer Behandlungszeit seinen tierischen Begleiter wieder mit nach Hause nehmen kann: »Dann führte ich Bauschan nach Hause, eingehüllt in die süßlich-wilde Atmosphäre der Klinik, die mein Begleiter in seinem Felle trug.«

Wessen Hund gesund ist, der kann die Klinik von außen besichtigen und anschließend im Englischen Garten spazieren gehen. Auf der anderen Seite des Englischen Gartens, jenseits der Isar, lag im Grünen das ehemalige Wohnhaus der Manns: 1914 zogen diese in die Villa in der Poschinger Straße 1, von allen liebevoll »die Poschi« genannt, ein. Auf langen Spaziergängen erkundete Thomas Mann von hier aus die nähere Umgebung und schwärmt in »Herr und Hund«: »Das ist kein Wald und kein Park, das ist ein Zaubergarten, nicht mehr und nicht weniger.« Das Haus wurde leider abgerissen; inzwischen steht hier ein Nachfolgebau, der äußerlich an die Mann-Villa erinnert.

LAGE: Veterinärstr. 13, 80539 München
www.vetmed.uni-muenvchen.de
Haltestelle: Universität (U3, U6)

Der

Valentins Bobsi

EIN AUSFLUG NACH PLANEGG

Valentins Enkelin Anneliese Kühn weiß folgende Geschichte über Karl Valentin und seinen Hund Bobsi zu berichten: »Karl Valentin hatte eine große Freude daran, mit dem Hund umzugehen, aber er hat ihn manchmal auch ein bisschen getratzt – der Hund saß oft am Fenster, und Karl Valentin hat sich einen Spaß gemacht, hinter dem Hund das Winterfenster zu schließen. Da war Bobsi dann zwischen den beiden Scheiben eingesperrt und konnte nicht raus. Karl Valentin sagte dann zu ihm: ›Bobsi, komm, wir gehn Gassi!‹, und der arme Bobsi hat gewinselt und mit dem Schwanz gewedelt, konnte aber nicht aus seiner Gefangenschaft raus. Natürlich hat mein Opa den Hund dann schnell befreit, denn er hing sehr an Bobsi. Als der Hund gestorben ist, hat er ihn an der Isar in München beerdigt. Mein Opa war danach tagelang krank vor Kummer.«

1929 schrieb Ignaz Gidal in einer Fotoreportage über »Karl Valentin privat« für die »Münchner Illustrierte Presse«: »Nirgends sieht man Valentin ohne seinen treuen Begleiter und Spielgefährten.« Und aus Valentins »Jugendstreichen« wissen wir: »Gleichwohl habe ich immer einen Foxl gehabt … Zuhause ist so ein kleiner Kerl immer brav, weil es in einer Wohnung keine Baumstämme und Laternenpfähle gibt. Aber unterwegs …! Welches Herrchen zieht er da nicht auf jeden Spaziergang an mindestens 20 Bäume!«

In Planegg, wo der große Komiker und Volksschauspieler von 1924 bis zu seinem Tod 1948 lebte, kann man (von außen) sein Wohnhaus in der Georgenstraße besichtigen. Auf dem Markplatz gibt es eine hübsche Valentin-Statue, und sein Grab befindet sich auf dem Planegger Friedhof. Um Planegg herum gibt es außerdem genug Wald für einen schönen Spaziergang mit Hund, und zur Einkehr lädt dann das *Bräustüberl*.

LAGE: Karl-Valentin-Haus, Georgenstr. 2, 82152 Planegg
www.braustuberl-planegg.de
Haltestelle: Planegg (S6)

Kurfürstin mit Windspiel

AMALIENBURG IM NYMPHENBURGER SCHLOSSPARK

»Die Hunde finden eine große Liebhaberin in ihr, welches man vornehmlich zu Nymphenburg an den übel zugerichteten, rotdamastenen Tapeten und Betten abmerken kann. Die kleinen englischen Windspiele gelten jetzt das Meiste. Der Lieblingshund der Churfürstin Amalie ruhte unter einem gelbdamastseidenen kleinen Zelte auf einem Kissen von gleichem Stoff.«

Mit diesen Worten beschrieb ein Zeitgenosse seine Kurfürstin Maria Amalia im Jahr 1729. Vom Ehemann Kurfürst Carl Albrecht vor versammeltem Hofe oft mit Prügeln gedemütigt, zog sie sich immer mehr in ihr Jagdschlösschen zurück, das auch heute noch im Nymphenburger Schlosspark zu besichtigen ist: die Amalienburg. Die große Hundefreundin (1701–56) ließ eigens Ausbuchtungen in die Wände einbauen, die die Rückzugsorte für ihre geliebten Begleiter bildeten. Dass die Hunde frei in der Amalienburg laufen und sich austoben konnten, zeigen die abgewetzten Wände und Betten.

Wenn man einmal wissen möchte, wie Hunde im 18. Jahrhundert lebten, ist man in der Amalienburg an der richtigen Adresse. Leider müssen die Hunde selbst draußen bleiben, und im Park gilt Leinenpflicht! Natürlich sind auch das Schloss selbst, in dem übrigens Ludwig II. geboren wurde, sowie der gesamte Park sehenswert: die Pagodenburg, die Badenburg, die Magdalenenklause, das Johannisbrunnhaus mit historischem Pumpwerk, das große Parterre mit Fontäne, der Kronprinzengarten mit Pavillon usw. Und vielleicht begegnet man ja dem Urenkel des letzten bayerischen Königs Ludwigs III., der hier wohnt und gern mit seinem Dackel im Schlosspark spazieren geht.

LAGE: Schloss Nymphenburg 203, 80638 München
www.schloss-nymphenburg.de
Haltestelle: Schloss Nymphenburg (Tram 17, Bus 51)

Mit Herrn Hirnbeiß durchs Westend

DIE KARIKATUREN DER FRANZISKA BILEK

Der Hirnbeiß darf in diesem Buch nicht fehlen. Besser kann man das Verhältnis des Münchners zum Hund nämlich gar nicht beschreiben, als es die Karikaturen von Franziska Bilek getan haben. 1906 in München geboren, besuchte sie im Alter von 15 Jahren die Königliche Kunstgewerbeschule, studierte später an der Münchner Kunstakademie und wurde bald eine erfolgreiche Illustratorin und Karikaturistin. Ab 1952 zeichnete sie für die Münchner Abendzeitung und erfand 1961 Herrn Hirnbeiß. Dieser ist ein echter Münchner, wie er im Buche steht: grantig, dem Bier zugewandt und an seiner Seite stets der Dackel. Der besondere Witz der Zeichnungen erschließt sich in der Wechselwirkung mit den jeweiligen Aufmacherthemen im Münchner Teil der Zeitung.

Einmal wäre es fast um Herrn Hirnbeiß geschehen gewesen: Der Verlag der »Abendzeitung« hatte Insolvenz angemeldet, und wie die Redaktion selbst anmerkte, wäre München ohne die AZ wie »Hirn ohne Beiß«. Doch der Verlag – und somit auch Herr Hirnbeiß – konnte gerettet werden. Auch nach Franziska Bileks Tod am 11. November 1991 lebt die Figur des Herrn Hirnbeiß weiter – die Zeichnerin hatte ein Konvolut von Hirnbeiß-Bildern hinterlassen, zu denen die Redaktion der Münchner Abendzeitung jeden Tag einen passenden Text verfasst.

2005 benannte die Stadt München den Franziska-Bilek-Weg im Westend nach der Karikaturistin – warum nicht einmal durch eben diesen Weg mit dem Hündchen laufen, danach noch einen Abstecher in den Bavariapark samt Biergarten machen und dabei über das besondere Verhältnis der Münchner zu ihren Zamperln nachsinnen?

LAGE: Franziska-Bilek-Weg, 80339 München
www.wirtshaus-am-bavariapark.com
Haltestelle: Schwanthalerhöhe (U4, U5)

Hunde-Chic auf der Promimeile

RUDOLPH MOSHAMMER UND DAISY

Abgesehen von den wichtigsten Schauspielhäusern findet sich auf der Maximilianstraße alles, was in der internationalen Modewelt Rang und Namen hat. Neben Chanel, Dior & Co. durfte für die Münchner Schickeria lange Zeit auch eine weitere Boutique nicht fehlen: Bereits 1968 hatte Rudolph Moshammer sie unter dem Namen »Carnaval de Venise« in der Maximilianstraße 14 eröffnet. Und von Anfang an war eine kleine Yorkshire-Lady namens Daisy mit von der Partie. Insgesamt vier Hundedamen begleiteten »Mosi« im Lauf der Zeit, alle mit dem obligatorischen Schleifchen im Haar. Der Letzten, mit dem offiziellen Namen Irina de Pittacus, widmete er ein eigenes Buch und nicht zuletzt eine eigene Pflegeserie für Hunde.

Der extravagante Modemacher und seine Hündin gehörten fest zur Münchner High Society, aber trotz allen Glamours verlor er nie seine Bodenständigkeit. So gründete er die Stiftung »Licht für Obdachlose«, unterstützte die Straßenzeitung BISS und lud viele Jahre lang Obdachlose zu einem großen Weihnachtsessen ein. Nach seinem tragischen Tod kümmerte sich sein langjähriger Chauffeur um Daisy, bis sie zwei Jahre später verstarb. Die Urne mit ihrer Asche bewahrte er angeblich bis zu seinem Tod neben seinem Bett auf.

Will man ganz im Sinne von »Mosi« und Daisy etwas Glamourluft schnuppern, so empfiehlt sich ein Schaufensterbummel vom Max-Joseph-Platz die Maximilianstraße entlang in Richtung Maximilianeum. Von dort aus kann man noch einen ausführlichen Spaziergang durch die Maximiliansanlagen anschließen und als Abschluss einmal den Friedensengel umrunden.

LAGE: Maximilianstraße, 80331 München
Haltestellen: Maxmonument, Kammerspiele, Nationaltheater (Tram 19, 21)

Beppi, Lupa & Co.

DIE WITTELSBACHER UND IHRE HUNDE

Hunde und insbesondere Dackel sind aus dem Leben der Wittelsbacher nicht wegzudenken. So wird auch das derzeitige Familienoberhaupt Herzog Franz von Bayern stets von einem Dackel begleitet, aktuell von Hündin Beppi, die mit ihm in Schloss Nymphenburg residiert. Dass so ein Dackel seinen eigenen Kopf hat, schätzt seine königliche Hoheit nach eigener Aussage ganz besonders an der Rasse. Wo käme man denn auch hin, wenn so ein königlich-bayerisches Adelstier nach jeder beliebigen Pfeife tanzen würde! Eine spezielle Dackelrasse wird von den Wittelsbachern sogar bis heute gezüchtet: der Tigerdackel.

Überhaupt wurde die Hundeliebe bei den Wittelsbachern schon immer großgeschrieben. So heißt es über König Ludwig I., er habe seine Kutsche anhalten lassen, um einem winselnden Hund die Tür zu öffnen. Ebenso war seine Schwester, Herzogin Ludovika, ihr Leben lang von Hunden umgeben; noch in hohem Alter ließ sie sich mit ihrer geliebten Spitzhündin Lupa auf dem Schoß ablichten. Auch ihrer berühmten Tochter Elisabeth hatten es Hunde angetan, besonders die großen; so besaß sie u. a. mehrere schwarze Doggen und einen Wolfshund.

Einer, der in dieser Runde nicht fehlen darf, ist der von so manchem Münchner bis heute verehrte Prinzregent Luitpold. Auch ihn begleiteten zeitlebens Hunde, besonders in die von ihm so geliebten Berge.

Bei einem Spaziergang durch den Hofgarten mit dem vierbeinigen Freund kann man heute noch ahnen, wie die hundeverliebten Aristokraten zwischen akkurat gepflegten Beeten flanierten.

LAGE: Hofgartenstr. 1, 80538 München
Haltestelle: Odeonsplatz (U3, U4, U5, U6)

Königliche Skandale

LOLA MONTEZ UND TURK

Genau genommen war Lola Montez gar keine echte Münchnerin. Da ihre Affäre mit dem bayerischen König Ludwig I. die Münchner High Society aber dermaßen auf den Kopf stellte, sollen ihr und ihrer berüchtigten Dogge Turk hier ebenfalls ein paar Zeilen gewidmet werden. Nicht lange nach ihrer Ankunft in München flog sie aus dem *Goldenen Hirschen*, weil sie sich lautstark über die Gäste einer Tanzgesellschaft lustig machte. Als der Wirt sie zurechtwies, soll sie ihm eine Ohrfeige verpasst und ihren Hund auf ihn gehetzt haben. Zur allgemeinen Empörung spazierte sie außerdem Zigarre rauchend, in Männerkleidung und in Begleitung der riesigen Dogge durch die Stadt. Zudem soll Hofmaler von Kaulbach heimlich ein Ölgemälde von ihr angefertigt haben: mit einer Schlange um den nackten Leib und einem Giftbecher in der Hand. Als der Tänzerin dies zu Ohren kam, soll sie wutentbrannt und mit dem erzürnten König im Gefolge in Kaulbachs Atelier gestürmt sein. Doch gerade als sie ihren Hund auf den Maler hetzen wollte, stürzte sich dessen Neufundländer auf Turk. Die Hunde jagten in den Hof hinaus, die schockierte Montez, der König und Kaulbach hinterher.

Am Ende hatte die Femme fatale durch ihre Affäre dafür gesorgt, dass Ludwig I. als König abdanken musste – natürlich erst nachdem er sie als Gräfin von Landsfeld in den Adelsstand erhoben hatte. In München selbst sind alle Spuren der Montez verschwunden. Weder das Hotel *Zum Goldenen Hirschen* noch das Kaulbachsche Atelier existieren noch. Allerdings gibt es in Harlaching das sogenannte Lola-Montez-Haus (heute eine Eventlocation), das angeblich das Liebesnest von Lola und dem König gewesen sein soll. Ein Besuch dort lässt sich perfekt mit einem ausgedehnten Spaziergang am Isarhochufer, an der sogenannten Hochleite, verbinden.

LAGE: Menterschwaigstr. 4/Hochleite, 81545 München
www.lola-montez.com
Haltestelle: Menterschwaige (Tram 15, 25)

Spurensuche in Kochel am See

FRANZ MARC UND RUSSI

Die Faszination für leuchtende Farben, abstrakte Formen und Tiere war für viele Expressionisten maßgebend. Einer von ihnen hatte sich diesen Themen in ganz besonderem Maß verschrieben: der Münchner Maler Franz Marc. Marc erklärte seine Vorliebe für Tierdarstellungen damit, dass Tiere für ihn Sinnbild von Ursprünglichkeit und Reinheit seien. Von ihm stammen auch die weltberühmten »Blauen Pferde«. Ein Tier, das ebenfalls immer wieder in seinen Bildern auftaucht, ist sein sibirischer Schäferhund Russi.

Marc starb mit nur 36 Jahren während der Schlacht von Verdun. Erst kurz zuvor hatten er und seine Frau eine Villa in Kochel am See erworben. Obwohl er München verlassen hatte, stand er weiterhin in engem Kontakt mit seinen Künstlerfreunden und -kollegen wie August Macke, Paul Klee und Kandinsky. Letzterer hatte inzwischen ebenfalls der Stadt den Rücken gekehrt und war mit seiner Lebensgefährtin Gabriele Münter nach Murnau am Staffelsee gezogen.

In Kochel erinnert heute das Franz-Marc-Museum an den Künstler. Auch wenn der Eintritt für Hunde im Museum nicht gestattet ist, lohnt sich ein Ausflug an den Kochelsee. Dort kann man den Spuren von Marc und Russi folgen und nachvollziehen, wie die atemberaubende Natur den Maler inspirierte: z. B. bei einem Fußmarsch auf die Kohlleite, einen Hügel oberhalb von Kochel mit einem traumhaften Ausblick, oder bei einer Wanderung auf den Herzogstand. Falls man selbst oder der vierbeinige Begleiter nicht so gut zu Fuß ist, kann man den Berg auch vom benachbarten Walchensee aus mit der Herzogstandbahn erreichen.

LAGE: Franz-Marc-Park 8–10, 82431 Kochel am See
www.franz-marc-museum.de
Haltestelle: Kochel (RB)
Anfahrt: A 95 bis Ausfahrt Murnau/Kochel

Profi-Dogwalking

BESTE HUNDEBETREUUNG MIT SAM

Fünf Mal pro Woche sammelt Sam rund ums Münchner Zentrum Hunde ein und fährt mit ihnen ins Isartal, den Perlacher Forst oder in andere großzügige Auslaufgebiete, um dort drei bis vier Stunden spazieren zu gehen. Eine Gruppe besteht aus maximal sechs Hunden, und durch ihre anderthalbjährige Dogwalking-Ausbildung hat Sam das nötige Wissen, die Hunde gut zu integrieren und artgerecht zu beschäftigen. Immer dabei ist Finn, Sams Mini Australian Shepherd. Durch ihn kam sie quasi »auf den Hund« und hat schließlich kurzerhand ihr Hobby zum Beruf gemacht.

Die Walks (inkl. Abhol-und Bringzeiten) finden Mo–Fr 10–15 Uhr statt.

LAGE: Sommerstr. 20, 81543 München
www.follow-sam.com
Haltestelle: Claude-Lorrain-Straße (Bus 58, 68)

Trainingstipps in den Frühlingsanlagen

DIE STADTSCHNAUZEN

Einen Hund in der Stadt zu halten, ist oft gar nicht so einfach. Es ist laut, hektisch und voll. Gott sei Dank gibt es die *Stadtschnauzen*: kompetentes Hundetraining mit Annabell und Lena. Besonders zu empfehlen ist der Stadttreff mittwochabends in den Frühlingsanlagen in der Au. Hier treffen sich Hunde und ihre Halter, die Tiere können unter den Augen der beiden Trainerinnen spielen und toben, und für Herrchen und Frauchen gibt's Trainingstipps von den Profis – das Ganze für 8 Euro.

Auf der Internetseite findet man die sehr lesenswerten Rechte des Hundes.

LAGE: Fraunhoferstr. 14, 80469 München
www.stadtschnauzen.de
Haltestelle: Fraunhoferstraße (U1, 2, 7, 8)

81

Tierbetreuung sicher und einfach

HUNDESITTER FINDEN BEI GUDOG.DE

Eine geniale Plattform, um online eine passende Hundebetreuung zu finden: Auf *www.gudog.de* tummeln sich jede Menge Hundesitter, die nur darauf warten, Zeit mit Zamperln jeder Art und Größe zu verbringen. Auf der gut organisierten Website sieht man auf einen Blick, wer, wann, wo und wie lange gerade Hunde bei sich aufnehmen kann. Vertreten sind hier alle: von Einzelpersonen bis zu professionellen Hundebetreuern. So muss kein Vierbeiner in einer ungemütlichen Umgebung auf Frauchens Rückkehr warten, denn die Sitter nehmen ihre Schutzbefohlenen zu sich nach Hause bzw. in eine freundliche Umgebung mit. Das Angebot variiert dabei vom Gassigehen über die Tagesbetreuung bis zur Rund-um-die-Uhr-Versorgung über mehrere Tage hinweg.

Gudog gibt es auch als praktische App fürs Handy.

LAGE: Online und in ganz München bei lieben Hundehaltern
www.gudog.de

Sport und Spaß in der Tagesstätte

BESTE BETREUUNG: HUNDSVIECHERLGAUDI

Wir trennen uns zwar nur schweren Herzens von unseren Hunden, aber gerade im Beruf muss es halt leider doch manchmal sein. Immerhin wissen wir, dass Daniela und ihr Team bei *Hundsviecherlgaudi* unseren Lieblingen die beste Betreuung überhaupt bieten. In der größten »HuTa« Münchens können sie sich auf über 3000 Quadratmetern nach Herzenslust austoben, weiterbilden und entspannen. Weiterbilden? Ja, richtig gelesen: Im integrierten Hundesportplatz wird auf die körperliche und geistige Fitness der Vierbeiner geachtet – auf Wunsch sogar mit individuellem Trainingsplan. Besonders wichtig ist dem Team, dass alle ihre Besucher Teil der Rudelfamilie werden und sich bald selbst als richtiges Hundsviecherl fühlen. Neben ihrer großen Flexibilität in puncto Abholzeiten und Betreuungstage überzeugt die »HuTa« durch ihre Wochenend-Urlaubsbetreuung und die vielen tollen Zusatzleistungen.

LAGE: Musenbergstr. 3, 81929 München, www.hundsviecherlgaudi.de
Haltestelle: Johanneskirchen (S8)

Hundebetreuung für Berufstätige

GLÜCKLICHE HUNDE BEI DEN ISARPFOTEN

Was eine »HuTa« ist? Natürlich das tierische Pendant zur KiTa. Das Konzept der Hundetagesstätte *Isarpfoten* richtet sich besonders an berufstätige Herrchen und Frauchen, die ihre Hunde tagsüber weder mit ins Büro nehmen können noch alleine zu Hause lassen wollen.

Unweit des Englischen Gartens und in Isar-Nähe gelegen, können Hundebesitzer ihre vierbeinigen Freunde schon vor der Arbeit abgeben und nach Feierabend einen ausgelasteten und glücklichen Hund mit nach Hause nehmen. Zum Angebot gehören ausgedehnte Spaziergänge mit geschultem Personal, ausgiebige Streicheleinheiten und das Herumtollen auf der 2000 Quadratmeter großen eingezäunten Lauf- und Spielwiese mit neuen Spielkameraden. Nutzen kann man das Angebot von *Isarpfoten* selbstverständlich auch, falls man aus anderen Gründen mal einen hundefreien Tag benötigt. Es gibt sogar einen Abhol-Service im tiergerechten klimatisierten Transporter.

Die Hundetagesstätte nimmt übrigens Hunde aller Rassen und Größen auf. Voraussetzung ist – neben dem sozialverträglichen Verhalten des Hundes – die kostenlose Registrierung bei einem persönlichen Schnuppertermin. Dieser dient dazu, sich gegenseitig kennenzulernen und zu prüfen, ob sich das Tier in der Tagesstätte wohlfühlt und mit den anderen Hunden in der Gruppe versteht. Für einen optimalen Ablauf empfiehlt *Isarpfoten*, dass die Tiere die Tagesstätte an mindestens zwei Tagen pro Woche besuchen, damit sie sich optimal in die Gruppenstruktur einleben und die Abläufe verinnerlichen können.

Neben der Tagesstätte bietet *Isarpfoten* übrigens in Form einer Hundepension auch eine mehrtägige Urlaubsbetreuung an.

LAGE: Otto-Sendtner-Str. 1a, 80939 München
www.isarpfoten-muenchen.de
Haltestellen: Freimann (U3, U6), Sondermeierstraße (Bus 181)

Freizeit für Mensch und Tier

DIE FELLNASEN

Hat man etwas Dringendes zu tun und niemanden, der sich um den Hund kümmern kann? Dann bietet die Hundetagesstätte *Die Fellnasen* die perfekte Lösung für Besitzer und Vierbeiner. Im Münchener Stadtviertel Schwabing-Freimann können alle Hunde von Mo–Fr ab 7 Uhr bei der »HuTa« abgegeben werden, wo sie in der Gruppe von erfahrenen Mitarbeitern betreut werden. Zum Tagesprogramm gehören Toben, Spielen, Relaxen und das Kennenlernen von vielen neuen Freunden, was auf dem 900 Quadratmeter großen Grundstück das Sozialverhalten aller Hunde in der Gruppe positiv beeinflusst. Im Winter oder bei schlechtem Wetter ist der Rückzug in das beheizbare Gästehaus der »HuTa« möglich. Von 9.30–15.30 Uhr ist die Ruhezeit der »HuTa«, abgeholt wird der Vierbeiner dann erst ab 15.30–19 Uhr oder nach Absprache.

Um seinen Hund bei der »HuTa« *Die Fellnasen* abgeben zu können, müssen einige Voraussetzungen im Vorfeld erfüllt sein: Der zu betreuende Hund muss geimpft, entwurmt und gut sozialisiert sein. Weiterhin brauchen alle Hunde eine gültige Hundehaftpflichtversicherung, und Rüden müssen kastriert sein. Dann ist ein Probetag in der »HuTa« an der Reihe. Wird dieser gut überstanden, steht einem regelmäßigen Besuch bei *Den Fellnasen* nichts mehr im Weg.

Für Welpen ist es ganz besonders wichtig, früh in Kontakt mit anderen Artgenossen zu kommen – in der Hundetagesstätte gibt es dafür einen separaten Bereich für Welpen und Kleinhunde. Somit sind sowohl junge als auch ältere Tiere in der »HuTa« herzlich willkommen und gut aufgehoben.

LAGE: Otto-Sendtner-Str. 1a, 80939 München
www.huta-fellnasen.de
Haltestellen: Freimann (U3, U6), Sondermeierstraße (Bus 181)

Private Hundesitter mit Qualität

WWW.LEINENTAUSCH.DE

Samstagabend, Weggehlaune, aber niemand da, der auf Hundchen aufpasst? Kein Problem! Auf *www.leinentausch.de* findet man mit nur wenigen Klicks passende Hundesitter in der Nähe. Das sind aber nicht irgendwelche Menschen: Leinentausch garantiert mit einer Prüfung, dass alle Hundebetreuer auf ihrer Plattform absolut hundelieb und kompetent sind. Jemand anderes würde sich hier auch gar nicht anmelden – bei *Leinentausch* laden die Sitter nämlich die (noch) fremden Hunde zu sich nach Hause ein und passen dort auf sie auf. Hier finden sich ergo nur Menschen, die Hunde wirklich gern um sich haben.

Egal, ob man nur für ein paar Stunden, einen Tag oder den ganzen Urlaub lang seinen Hund in liebenden Händen wissen will: Bei *Leinentausch* findet man garantiert die richtige, ganz persönliche Betreuung. Eine super Alternative zum Hundehotel! Auch für Sitter und die, die es noch werden wollen, ist *Leinentausch* eine gute Idee. Da jeder Hund ein eigenes Profil angelegt bekommt, kann man an den Charaktereigenschaften feststellen, ob das jeweilige Hunderl in die eigenen Hände und Wände passt – z. B. ob es mit den eigenen Haustieren auskommen würde oder nicht. Außerdem bietet die Hundesitter-Plattform drei verschiedene Pakete mit Haftpflicht- und Krankenschutz für Zwei- und Vierbeiner. Rundum abgesichert, können sich so Hundehalter, -sitter und Hundchen entspannt aufeinander einlassen.

Neben all diesen Vorteilen ist das Beste an *Leinentausch* natürlich, dass sowohl Mensch als auch Hund in den Kontakt mit anderen Fellnasen und Fellnasen-Liebhabern kommen – vielleicht entstehen hier ja echte Freundschaften.

LAGE: Landsberger Str. 234, 80687 München
www.leinentausch.de
Haltestelle: Laim (S 1–4, 6–8)

DIE JOHANNITER

Vierbeinige Therapeuten im Einsatz

HUNDE-BESUCHSDIENST DER JOHANNITER

Bereits seit 2006 unterstützen die Johanniter therapeutisches und pädagogisches Fachpersonal, indem sie Hunde und ihre Menschen zu ehrenamtlichen Helfern ausbilden. Diese Form der tiergestützten Intervention hat sich mittlerweile zu einem bundesweit aktiven Dienst entwickelt, dennoch ist der Bedarf an Helfern groß. Dass bei den Besuchen Tiere einbezogen werden, ist dabei nicht nur ein netter Begleiteffekt, denn die Besuchshunde ergänzen in besonderer Weise die therapeutischen Maßnahmen: Sie verstehen die nonverbale Kommunikation der besuchten Menschen oft besser als wir und reagieren sensibel und einfühlsam.

Die beste Voraussetzung dafür ist ein gutmütiger und gelassener Hund. Nach einem Eignungstest wird man im Rahmen einer mehrtägigen Schulung auf den tierbegleiteten Besuchsdienst vorbereitet. Man besucht z. B. Seniorenheime, Einrichtungen für Menschen mit Handicaps oder für Kinder und Jugendliche mit besonderem Betreuungsbedarf.

Ein besonderes Angebot der Johanniter ist die tiergestützte Demenzbetreuung. Diese richtet sich an Menschen, die bereits eine Ausbildung zum ehrenamtlichen Demenzhelfer absolviert haben. Auf dieser Basis kann man sich zum Tiergestützten Demenzbetreuer weiterbilden. Gesucht werden hierfür Hundebesitzer, die Freude daran haben, zusammen mit ihrer Fellnase demenzkranke Menschen zu Hause zu besuchen. Auch die dafür notwendige Ausbildung zum Demenzhelfer, die etwa zehn bis zwölf Stunden umfasst, wird von den Johannitern angeboten.

Wer denkt, dass das eine schöne Aufgabe für sich und den eigenen Hund wäre, kann zunächst einen Info-Abend besuchen.

LAGE: Seumestr. 3, 81379 München
www.johanniter.de/ehrenamt
Haltestelle: Aidenbachstraße (U3)

Plattform für Teilzeithunde

DOGSHARING BEI HUNDELIEB.COM

Sich einen Hund mit jemandem zu teilen, ist die Lösung für alle, die sich nach einem solchen Vierbeiner als Haustier sehnen, aber sich aus Zeit- und Platzgründen bisher mit einem Goldfisch im Glas zufriedengeben mussten. Umgekehrt kann es auch die perfekte Lösung für Hundebesitzer sein, die ihrem Hund gern mehr Aufmerksamkeit und Bewegung verschaffen möchten, als sie selbst bieten können.

Und wie findet man nun einen passenden Sharing-Partner? Ganz einfach: z. B. über *hundelieb.com*. Die von Joshi und Sibi 2015 ins Leben gerufene Dogsharing-Plattform hat sich mittlerweile zum größten sozialen Netzwerk für Hundehalter und -freunde im deutschsprachigen Raum gemausert. Das Prinzip ist einfach: Man legt ein Profil an, in dem man beschreibt, ob man gern Zeit mit einem Hund verbringen würde oder einen neuen Freund für die eigene Fellnase sucht. Außerdem kann man angeben, wie viel Erfahrung man mit Hunden hat, wie viel Zeit man aufbringen kann und ob man den geborgten Hund lieber mit ins Büro nehmen oder mit ihm durch den Park toben will. Genauso natürlich, welche Erwartungen man als Besitzer an den zukünftigen Sharing-Partner hat. Dann kann man sich anzeigen lassen, welche Hunde bzw. Hundefreunde sich in der näheren Umgebung registriert haben und bei Interesse einfach Kontakt aufnehmen. Ist ein möglicher Partner gefunden, gibt es eine Kennenlernphase, um herauszufinden, ob man auch zusammenpasst. Im Idealfall sollte es darauf hinauslaufen, dass längerfristige Beziehungen zwischen Sharing-Partnern entstehen.

Weitere Infos über die Plattform gibt's auch auf Facebook, Instagram und Twitter.

LAGE: Online und in ganz München
www.hundelieb.com

tractive
Lina

»Roadtrip to Happiness«

WIR RETTEN HUNDE E. V.

»Tintenhunde«, so nennt das Team von *Wir retten Hunde e. V.* diejenigen ihrer Schützlinge, die besonders tief in der Tinte sitzen und es wegen ihres Alters oder anderer Handicaps schwerer haben, adoptiert zu werden. Der Verein hat es sich zur Aufgabe gemacht, Straßenhunde aus Rumänien zu retten, bevor sie dort in Tötungsstationen »entsorgt« werden. Glücklicherweise gelingt es ihnen Jahr für Jahr, für zahlreiche Tiere ein neues Zuhause zu finden. Die Tintenhunde liegen ihnen dabei besonders am Herzen, damit auch sie irgendwann zu den »Glückshunden« gehören: den erfolgreich vermittelten Fellnasen.

Was 2017 als private Initiative begann, hat sich zu einer EU-weit aktiven Organisation entwickelt, deren ehrenamtliche Helfer zusammen mit Tierschützern vor Ort Kastrationen organisieren, Auffangstationen bauen und versuchen, möglichst viele Straßenhunde nach Deutschland zu vermitteln. Gerade in Rumänien lebt eine große Anzahl von Hunden auf der Straße. Um der Sache Herr zu werden, beauftragen viele Gemeinden Tierheime damit, die Hunde einzufangen und zu töten. *Wir retten Hunde e. V.* hilft vor Ort, indem durch systematische Kastrationen die Anzahl der Tiere nicht mehr ständig wächst. Für eine optimale Vermittlung der geretteten Tiere nach Deutschland sichert der Verein darüber hinaus die hundegerechte und tierärztlich betreute Versorgung bis zur Vermittlung. Zunächst werden die Tiere bei privaten Tierschützern untergebracht, bevor sie mit dem vereinseigenen Hunde-Van zu ihrem »Roadtrip to Happiness« nach Deutschland aufbrechen. Helfen kann man übrigens nicht nur durch eine Adoption, sondern auch durch Spenden, ehrenamtliche Unterstützung oder eine Patenschaft.

LAGE: Stöberlstr. 63, 80686 München
www.wir-retten-hunde.de
Haltestellen: Agnes-Bernbauer-Platz (Tram 19, 29), Laim (S-Bahn)

Tiere schützen vor Ort

TIERSCHUTZVEREIN MÜNCHEN E. V.

Seit seiner Gründung im Jahr 1842 setzt sich der Tierschutzverein München e. V. für den Schutz von Tieren in München und der Region ein. Er ist einer der größten gemeinnützigen Tierschutzvereine Europas und auch in der internationalen Tierschutzbewegung vernetzt und aktiv. In und um München betreut der Verein verschiedene Projekte, darunter ein klassisches Tierheim, eine Auffangstation für Wildtiere und einen Gnadenhof. Auf dem 5,8 Hektar großen Anwesen des Tierheims werden jährlich rund 8500 Tiere in Notsituationen aufgenommen, zunächst tierärztlich untersucht und aufgepäppelt, bevor im Idealfall möglichst bald ein neuer Besitzer für sie gefunden wird. Manche Tiere sind jedoch zu alt, zu gebrechlich oder leiden an irreparablen Verhaltensstörungen, sodass sie nicht mehr vermittelt werden können. Für sie gibt es den idyllisch gelegenen Gnadenhof Kirchasch bei Erding, wo sie ihren Lebensabend in liebevollen Händen verbringen dürfen.

Zudem setzt sich der Verein für die Verfolgung von Tierquälerei ein, engagiert sich für politischen Tierschutz und beteiligt sich an der Rettung von Hunden aus Tötungsstationen aus dem südosteuropäischen Ausland. Darüber hinaus versucht er mit dem bundesweit einzigartigen »Projekt Hoffnung – die letzte Chance für spezielle Hunde«, für Hunde, die in der normalen Vermittlung chancenlos wären, ein sicheres Zuhause zu finden.

All dies funktioniert allerdings nur durch viele ehrenamtliche Helfer, durch Mitgliedsbeiträge sowie Geld- und Sachspenden von Förderern und Tierfreunden. Wer den Tierschutzverein gern unterstützen, aber kein (weiteres) Tier adoptieren möchte, der kann neben der Mitgliedschaft im Verein auch Tierpatenschaften für bestimmte Tiere übernehmen bzw. verschenken.

LAGE: Riemer Str. 270, 81829 München
www.tierschutzverein-muenchen.de

JULIUS-K9

Steinel

Seriöse Plattform für Tiervermittlung

TIERSCHUTZORGANISATION TASSO

Uns Hundehalter vereint vor allem eins: die Liebe zu Tieren. Umso schlimmer finden wir es, wenn auch nur ein einziges Tier leiden muss. Zum Glück gibt es da TASSO: Die Tierschutzorganisation hat ihre wundertätigen Finger überall, wo es um das Wohl von Tieren geht. In ihrem Haustierzentralregister sind über 9,3 Millionen Haustiere registriert! Sollte sich mal eines davon verlaufen oder gar gestohlen werden, sichert die Registrierung im besten Fall ab, dass es wiedergefunden wird. Findet man ein entlaufenes Zamperl, lohnt es sich also, mal einen Blick auf TASSO zu werfen. So kann ein verlorenes Haustier schnell zurück zu seiner Familie gebracht werden.

Aber was ist mit den Tieren, die noch gar keine Familie haben? Dazu gibt es »shelta«, eine Plattform, auf der seriös Tiere vermittelt werden. Also eigentlich ein Online-Tierheim. Schutzorganisationen und Tierheime können hier Hunde & Co. in Kontakt zu ihren neuen liebevollen Besitzern bringen. Tierärzten und Privatpersonen ist dies zwar nicht möglich, aber darauf hinweisen können natürlich alle. Die Vermittlung ist dabei ganz unkompliziert: Einfach auf www.shelta.tasso.net nach dem Hund seiner Träume suchen, die Profile ansehen und direkt beim Tierheim, in dem das Hundchen sitzt, anrufen. Das Geld wird dann direkt an das Tierheim bezahlt ohne Vermittlungsgebühren. »Shelta« finanziert sich nämlich völlig aus den Spenden tierliebender Engel. Also los, füllen wir die Münchner Straßen mit Hunden, die auf den Einstieg in ein besseres Leben mit uns warten. Und wo ginge dies besser als in der schönsten hunde- und menschenfreundlichen Stadt der Welt?

LAGE: Online und in ganz München
www.tasso.net; www.shelta.tasso.net

91

Unterstützung in der Not

TIERTAFEL MÜNCHEN

Arbeitsunfähigkeit, Scheidung, Firmenschließungen … All das können Faktoren sein, warum Menschen in die Abhängigkeit von Sozialleistungen kommen. Auch Altersarmut bei Rentnern ist keine Seltenheit mehr. Und schon reicht das Geld kaum für den eigenen Lebensunterhalt. Gerade in schwierigen Lebenssituationen ist ein Haustier Seelentröster und oft letzter sozialer Kontakt. Sind die Tiere dann noch alt und krank und verursachen Behandlungskosten, kommen ihre Halter in große Schwierigkeiten.

Spendenannahme Do 19–20 Uhr, Ausgabe jeweils an einem Sa im Monat 11–15 Uhr

Damit diese langjährigen Weggefährten nicht aus finanzieller Not abgegeben werden müssen, unterstützt die Tiertafel München e. V. Sie ist gemeinnützig anerkannt und mit dem Bayerischen Tierschutzpreis ausgezeichnet. Das gesamte Team arbeitet ausschließlich ehrenamtlich. Futter- und Sachspenden werden kostenlos an bedürftige Tierhalter weitergegeben und Geldspenden für Tierarztkostenzuschüsse verwendet. Auf diese Weise erhalten bedürftige Tierhalter Unterstützung bei akuten Notfällen, benötigten Impfungen oder dringenden Kastrationen. Mittlerweile über 600 bedürftigen Haustierhaltern aus München und Umgebung wird so ein klein wenig ihrer Sorgen genommen.

LAGE: Schwere-Reiter-Str. 2n, 80637 München
www.tiertafelmuenchen.de
Haltestelle: Leonrodplatz (Tram 12, 20, 21)

Perfekt in Szene gesetzt

HUNDEFOTOGRAF HANSI TROMPKA

Ob beim Herumtollen im Schnee, beim Gassigehen mit Herrchen und Frauchen oder im heimischen Wohnzimmer: Hansi Trompka setzt den geliebten Vierbeiner vor jedem Hintergrund perfekt in Szene. Damit aus so einem nervenaufreibenden Ereignis keine Stresssituation wird, lernen der vierbeinige Shootingstar und sein Besitzer den Hundefotografen von JaFein Fotografie München vorab bei einem gemeinsamen Spaziergang kennen und und sie beratschlagen über Ort und Motiv. Dem gelernten Bauzeichner und Grafiker, der bereits ein Hunde-Selfie-Buch veröffentlicht und zahlreiche Hundeliebhaber damit zum Lachen gebracht hat, liegt es besonders am Herzen, das Tier in seinem natürlichen Element abzulichten. Vom Welpen in schlafender Position bis hin zum Bewegtbild der großen Fellnase ist hier alles möglich – Hauptsache, es macht tierischen Spaß!

Extratipp: Wer einen ganz besonderen Schnappschuss von seinem vierbeinigen Liebling möchte, der kann sich auf Wunsch von Hansi Trompka im hundefreundlichen Hotel Magdalena im Zittertal in entspannter Urlaubsatmosphäre fotografieren lassen.

LAGE: Wilhelm-Tell-Str. 7, 81677 München
www.jafein-foto.de
Haltestelle: Prinzregentenplatz (U4)

Individuelle Hundeporträts

FOTODESIGNERIN ANDREA SPÄTH

Die Leidenschaft der Fotografin liegt in der Porträtfotografie – und zwar für Mensch und Tier. Dass sich in ihrer Arbeit Professionalität, Liebe für Details und ein offenes Herz verbinden, sieht man ihren Bildern definitiv an. Neben Business- oder privaten Fotoshootings, bietet sie auch einfühlsame Fotografien für Menschen mit Handicap an und gibt als Dozentin ihr Können in regelmäßig stattfindenden Kursen weiter.

Im Bereich der Tierfotografie setzt Andrea Späth ebenfalls hohe Maßstäbe an und verzichtet z. B. auf »witzige« Accessoires. Stattdessen setzt sie darauf – ähnlich wie beim Porträtieren von Menschen –, die besondere Ausstrahlung und die individuelle Persönlichkeit des fotografierten Tiers in den Mittelpunkt zu rücken. Und die Idee funktioniert: Heraus kommen starke Bilder, die den Betrachter in ihren Bann ziehen und das Wesen der Tiere zur Geltung bringen. Im Gegensatz zu anderen Hundefotografen finden die Shootings ausschließlich im eigenen Studio oder vor Ort beim Kunden statt, was neben perfekten Lichtverhältnissen und entspannter Umgebung ohne Ablenkungen auch für den typischen Stil der Fotos sorgt: klare Farben, starke Kontraste und formatfüllende Bildausschnitte. Das Ganze findet selbstverständlich in aller Ruhe und mit viel Geduld statt. Ein Geheimtipp sei hier verraten: Erfahrungsgemäß machen alle Hunde toll mit, wenn sie das eine oder andere Leckerlie in Aussicht haben.

Auf Wunsch bietet die Fotodesignerin auch an, die Tierporträts im von ihr entwickelten Fine-Art-Stil künstlerisch nachzubearbeiten. Durch diese Technik werden charakteristische Merkmale verstärkt, wodurch ein besonders plastischer und lebendiger Gesamteindruck entsteht.

LAGE: Schwandorfer Str. 1b, 81549 München
www.fotodesign-spaeth.de
Haltestelle: Fasangarten (U3)

Schokoladenseiten im Bestformat

TIERFOTOGRAFIN PETRA ECKERL

Wer kennt das nicht? Vor lauter Schnappschüssen der goldigen Fellnase quillt der Handyspeicher regelmäßig über, und trotzdem hält sich die Zahl der Bilder, die am Ende als Großformat im Wohnzimmer hängen, in Grenzen. Es ist halt doch eine Kunst, richtig gute Fotos zu machen – egal, ob von Mensch oder Tier. Wie gut, dass es in München richtig gute Tierfotografen gibt, die es schaffen, die Schokoladenseiten unserer vierbeinigen Freunde hervorzulocken.

Eine dieser Kamera-Künstlerinnen ist die Fotografin Petra Eckerl, die neben der Hundefotografie auch professionelle Shootings für Pferde anbietet. Ganz entspannt und mit viel Spaß entstehen dabei wunderschöne Aufnahmen: ausdrucksstarke Porträtbilder, originelle Szenarien und rasante Bewegungsaufnahmen. So gelingt es ihr, die Persönlichkeit jedes Tiers einzufangen und festzuhalten. Mit ihrer gelassenen Art schafft sie es außerdem, dass auch Herrchen oder Frauchen, die vielleicht nicht so gern vor die Kamera treten, sich wohlfühlen und Freude an einem gemeinsamen Porträt haben.

Voraussetzungen für ein gelungenes Shooting sind ein gesundes, aggressionsfreies Tier, eine Hundehaftpflichtversicherung und genügend Zeit, um ganz in Ruhe arbeiten zu können. Hilfreich ist es auch, wenn der Hund die wichtigsten Kommandos wie »Sitz«, »Platz« und »Bleib« beherrscht. Und: auf keinen Fall das Lieblingsspielzeug vergessen – das Ganze soll ja in erster Linie Spaß machen. Ein kleiner Tipp zum Schluss: Ein solches Fotoshooting lässt sich auch prima an befreundete Hundebesitzer verschenken (ab ca. 75 Euro). Oder wie wäre es mit einem Gruppenfoto mit den besten Hundefreunden unseres Lieblings?

LAGE: Herzogstr. 83, 80796 München
www.petraeckerl.com
Haltestelle: Hohenzollernplatz (U2, U8, Tram 12, 27)

Sich einmal wie Idefix fühlen

BAVARIA FILMSTADT IN GRÜNWALD

»50 v. Chr.: Ganz Gallien ist von Römern besetzt. Ganz Gallien? Nein, ein von unbeugsamen Galliern bevölkertes Dorf leistet den Eindringlingen seit Jahren Widerstand …« Wer kennt sie nicht, die wunderbar witzigen Geschichten von Asterix, Obelix und Idefix? Damit sich der eigene Hund mal ein bisschen wie Idefix fühlen kann, lohnt sich ein Ausflug nach Grünwald, denn in die Filmstadt dürfen auch die Vierbeiner mitgenommen werden – zumindest zur Filmstadt-Führung. Während einer rund 90-minütigen Führung über den 300 000 Quadratmeter großen Medien-Campus wird der Besucher in die Details aufsehenerregender Dreharbeiten eingeweiht und kann Originalkulissen bewundern, wie z. B. die für »Jim Knopf und Lukas, der Lokomotivführer«, die Außenkulissen für die Serie »Die Löwengrube« oder für den Film »Wickie und die starken Männer«. Teilnehmer der Führung haben außerdem Gelegenheit, Szenen aus verschiedenen Filmen nachzuspielen. So können sie mit Hilfe von Tricktechnik etwa auf Fuchur, dem Glücksdrachen aus »Die unendliche Geschichte«, durch den Himmel schweben.

Im Wetterstudio dürfen sich Besucher als Moderator versuchen und die Prognose vom Teleprompter ablesen, während im Hintergrund authentische Wettergrafiken und Animationen erscheinen. In einem Filmtrickstudio kann man selbst ausprobieren, wie früher Filmtricks gedreht wurden, und im Visual-Effects-Studio reale Aufnahmen mit Animationen kombinieren. Und so kann man zwischen Hinkelsteinen und gallischen Hütten ein klein wenig vom Flair spüren, der das kleine, unbeugsame Dorf in der Bretagne umgibt.

LAGE: Bavariafilmplatz 7, 82031 Geiselgasteig bei München
www.filmstadt.de
Haltestelle: Bavariafilmplatz (Tram 25)

Tierfreundschaften schließen

GUT AIDERBICHL IN IFFELDORF

Keine halbe Stunde Fahrzeit vom Luise-Kiesselbach-Platz entfernt liegt das Gut Aiderbichl in Iffeldorf, wo Tierliebe großgeschrieben wird. Hier finden gerettete Tiere auf dem Gnadenhof eine neue Heimat und ein endgültiges Zuhause. Nur in Ausnahmefällen werden Katzen und Hunde weitervermittelt. Die Betreiber von Gut Aiderbichl sehen die Gnadenhöfe als Zufluchtsort für Tiere, die aus Notsituationen befreit und gerettet wurden – u. a. werden verwahrloste, verwaiste oder vor der Schlachtung stehende Tiere aufgekauft. Das Wichtigste ist es jedoch, eine Verständigung zwischen Mensch und Tier in einem geschützten Umfeld zu erzeugen. Die Besucher sollen über den persönlichen Bezug zu den Tieren und die ethischen Grundsätze im Umgang mit Tieren nachdenken.

Von heimischen Nutztieren wie Kühen, Eseln, Schweinen oder Schafen über Haustiere wie Katzen oder Hunde bis hin zu Schimpansen oder Frettchen: Tiere in Not bekommen auf den verschiedenen Gütern Asyl gewährt. Iffeldorf ist eines von dreien, die besucht werden können (es gibt auch noch eines in Deggendorf und eines in Henndorf). Daneben gibt es 20 weitere Güter, die nicht besucht werden können. Hunde sind an allen drei Orten herzlich willkommen und können sich auf der gutseigenen Hundefreilaufwiese austoben und andere Hunde treffen. Für das leibliche Wohl ist mit Restaurants auch gesorgt, und es werden zahlreiche Veranstaltungen geboten wie Weihnachts- und Ostermärkte, Seniorenprogramme, Aktionen zum Muttertag oder Schulführungen; man kann dort auch Kindergeburtstage feiern und sogar heiraten.

LAGE: Osterseehof 1, 82393 Iffeldorf
www.gut-aiderbichl.com
Haltestelle: Bhf. Iffeldorf (RB), von dort mit Shuttle-Bus (pro Person/Fahrt 3 Euro; Tel. 08801/915 65 50) zum Gut

»Viecherlmesse«

EIN JULISONNTAG IN ST. MAXIMILIAN

St. Maximilian befindet sich im Münchner Glockenbachviertel. In seinem Hirtenbrief vom 20. November 1883 wies der Münchener Erzbischof Anton von Steichele darauf hin, dass aufgrund des schnellen Wachstums der Stadt München dringendst drei neue Kirchen benötigen würden – St. Benno (Maxvorstadt), St. Paul (Theresienwiese) und St. Maximilian wurden daraufhin geplant. Die Mutterpfarrei Hl. Geist umfasste damals 50 000 Menschen, und die bestehenden Kirchen reichten nicht einmal für den Schulgottesdienst aus; in der ehemaligen Schulbaracke an der Auenstraße wurde sogar eine Notkirche eingerichtet. Heinrich Freiherr von Schmidt legte letztendlich einen Plan für einen Bau im neoromanischen Stil vor. Am 6. Oktober 1901 weihte Erzbischof Franz Joseph Stein St. Maximilian. Erst 1938/39 konnte die noch fehlende Sakristei angebaut werden. Während des Zweiten Weltkriegs wurde die Kirche bei Luftangriffen mehrmals getroffen und stark zerstört. 1949 begann man mit dem Wiederaufbau, und am 11. Oktober 1953 nahm Weihbischof Johannes Neuhäusler die Weihe des Hochaltars vor. Anschließend erfolgte schrittweise die neue Ausgestaltung des Kirchenraums.

Und eben hier findet am ersten Sonntag im Juli ein Gottesdienst mit Tieren statt: Rainer Maria Schießler ist der unkonventionelle Pfarrer in St. Maximilian, der mit seiner besonderen Seelsorge und seinem Engagement rund um seine Heimatstadt stets für Aufsehen sorgt und im Rahmen dieses Sonntagsgottesdiensts Haustiere segnet – bei leisem Orgelspiel, schließlich hört ein Hund 56-mal so gut wie ein Mensch. Im Seitenschiff der Kirche gibt es eine Hundebar, wo Leckerlies erworben werden können; der Erlös geht an die Tiertafel München. Und nach dem Gottesdienst gibt es Zeit für Gespräche, z. B. mit der Münchner Aktionsgruppe *Artgerechtes München*.

LAGE: Deutingerstr. 4, 80469 München
www.st-maximilian.de
Haltestellen: Fraunhoferstraße (U1, U2), Klenzestraße (Bus 132)

Spürnasen gefragt

KRIMI-WANDERUNG MIT HUND

»Trauen Sie niemals allgemeinen Eindrücken, mein Junge, sondern konzentrieren Sie sich auf Einzelheiten«, sagte schon Sherlock Holmes. Hätte er damals statt Dr. Watson doch lieber einen Hund dabeigehabt – dem hätte er das nämlich nicht extra erklären müssen. Ganz instinktiv haben unsere Fellnasen einen angeborenen Blick für kleine Details, die uns Menschen gar nicht erst auffallen, und sind damit wie geschaffen dafür, um auf Spurensuche zu gehen und Verbrechen aufzuklären.

Sylvia Hilmer von der Hundeschule Hilmer nimmt deswegen die vierbeinigen Fährtenleser regelmäßig mit auf Verbrecherjagd. Bei ihren Krimitouren heißt es: Schlappohren auf und losgewittert! Welche Spürnase findet als Erstes die Lösung der schwierigen Rätsel, vor die sich die Hundedetektive gestellt sehen? Herrchen und Frauchen oder am besten die ganze Familie müssen natürlich kräftig dabei mitwirken, den kniffligen Fall zu lösen. Ohne die Hilfe der Vierbeiner mit ihrem untrüglichen Riecher geht aber gar nichts.

Voller Motivation macht man sich also auf nach Forstinning zur Krimi-Wanderung. Nachdem man dann alle Verbrecher erfolgreich erschnüffelt und überführt hat, spaziert man noch ein wenig durch den Anzinger Forst und belohnt sich anschließend im urgemütlichen Wirtshaus *Zum Hofkücherl*.

LAGE: Dorfstr. 15, 85586 Poing/Angelbrechting
www.hundeschule-hilmer.de; www.hofkuecherl.de
Haltestellen: Angelbrechting, Neufarner Straße
(S2 nach Poing, dann Bus 462, 465, 466)

Münchner Hunde-Ratsch

ZAMPERL AMORE

»Hallo, ich bin Denise«, dringt es beschwingt und motiviert aus den Lautsprechern. Das kann nur eines heißen: Juhu, es gibt wieder eine neue Folge von *Zamperl Amore*! In dem Podcast aus München dreht sich alles, wie der Name schon verrät, nur um den Hund. Die junge Zamperlfreundin Denise kommt aus unserer schönen Stadt und wohnt zusammen mit ihrer Fellnase Dora an der Isar. In ihrer Freizeit treffen sich die beiden auch mit anderen hundevernarrten Tierfreunden zum Quatschen – Mikro natürlich immer dabei.

Worüber sie reden? Na, über alles, was wir über das Thema »Hund« schon immer wissen wollten. Was lernt man in einem Erste-Hilfe-Kurs für Hunde? Wie arbeiten Spürhunde beim Zoll? Wie klappt das eigentlich mit Hund und Urlaub? Lustig und unterhaltsam interviewt oder besser: ratscht Denise mit Moderatoren, Tierschützern, Hundetrainern und dem einen oder anderen berühmten Hundebesitzer. Dabei erheitert sie uns und bringt uns dabei noch ganz viel über die spannende Welt mit und um die felligen Vierbeiner bei. Die launige Münchnerin hat es sogar schon einmal unter die 100 besten Hobby-Podcasts von iTunes und Spotify geschafft. Mit etwa 30 Minuten Länge eignen sich die fröhlichen Folgen perfekt für eine kleine Gassirunde – einfach Kopfhörer auf und losschmunzeln.

Viele Folgen des Podcasts gibt es auch auf iTunes und YouTube.

Übrigens: Wem ihre Stimme irgendwie bekannt vorkommt, braucht sich nicht zu wundern – Denise war schon bei Antenne Bayern und den B5-Sendern zu hören. Beste Voraussetzungen also für einen richtig professionellen, hundebegeisterten Podcast-Genuss.

LAGE: Überall, wo es Radio und Internet gibt
www.zamperl-amore.de

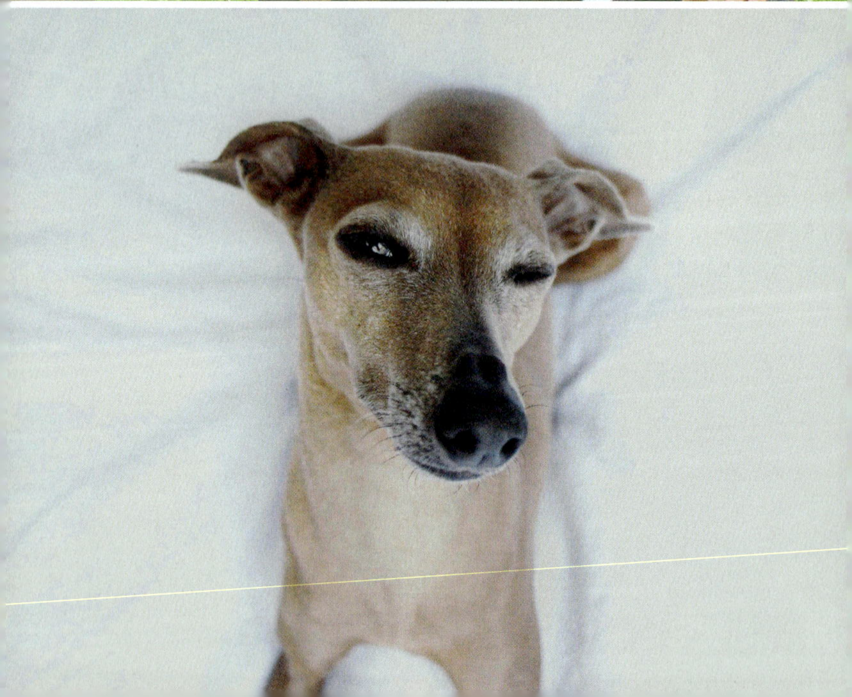

100

Hunde-Bloggen leicht gemacht

THEMENREICHES MIDOGGY

MiDoggy ist eine Art »Meta-Hundeblog«, in dem die Beiträge verschiedenster Hundeblogger zusammengefasst sind. Gründerin Julia, Münchnerin und Besitzerin von Windhündin Lola, wollte die Informationen, die tatsächlich von Hundebesitzern aus erster Hand bereitgestellt werden, zusammenfassen, sie kategorisieren und leichter auffindbar machen. Seit 2015 betreibt sie deswegen diesen Blog.

Man kann dem Blog auch auf Facebook, Instagram und Pinterest folgen.

Es gibt mittlerweile 1000 Mitglieder, 7000 Beiträge und eine Reichweite von über 1,5 Millionen Kontakten pro Monat – die wichtigste Anlaufstelle für alle Hunde-Begeisterten im Internet also überhaupt! Die Artikel sind wirklich lesenswert, da findet man alle Themen – von der Frage, warum Hunde Mäntel tragen sollten, über die Frage, wie der Alltag mit Hund im Büro zu gestalten ist, bis hin zum Thema Achtsamkeit im Umgang mit Hunden. Weitere Themen des Blogs sind Ernährung, Erziehung, Hundefotografie, Gesundheit, Hundesport, Kunst und Literatur, Urlaub mit Hund, Welpen usw. Es gibt sogar einen Podcast, in dem verschiedene Hundeblogger und -bloggerinnen aus der Community vorgestellt werden, mit inzwischen 6000 Blogbeiträgen. Die Community hat übrigens auch ein Buch gemacht: »Life-Hacks Hund. Die besten Kniffe für den Alltag« – also einfach mal reinlesen und reinhören.

LAGE: Münchberger Str. 31, 81549 München
www.midoggy.de

Museumsbesuch für Hunde

DAS BAUERNHAUSMUSEUM ERDING

1989 wurde in Erding ein Museum eingeweiht, zu dem auch Hunde Zutritt haben (Leinenpflicht): das Erdinger Bauernhausmuseum. Hier wird in Form von 14 verlagerten Baudenkmälern aus dem Landkreis die historische bäuerliche Lebensweise im 18. und im 19. Jahrhundert vorgestellt. Das älteste Gebäude ist ein zweigeschossiger Getreidekasten aus dem Jahr 1581. Man kann daneben historische Gebäude wie eine Schmiede, eine Kapelle, ein Gartenhaus, eine Kegelbahn, einen Schuppen, eine Torfhütte, einen Backofen usw. sowie die dazugehörigen Arbeitsgeräte besichtigen. Im Mittelpunkt des etwa zwei Hektar großen Museums steht eine kleinbäuerliche Hofanlage aus Rindbach, Gemeinde Sankt Wolfgang.

Das Museum ist zwischen Ostern und Oktober an Samstagen und Sonntagen sowie an Feiertagen geöffnet. Jeden Freitag findet hier außerdem ein Bauernmarkt statt, auf dem es Lebensmittel aus der Region zu erwerben gibt: Zwischen 12–16.30 Uhr bieten die Bäuerinnen und Bauern aus dem Landkreis Erding ihre selbst erzeugten Produkte an. Hier findet noch Kontakt zwischen Erzeuger und Verbraucher statt!

Es gibt außerdem ein sehr hübsches Museumscafé, in dem man selbst gebackene Torten, Kuchen und herzhafte Gerichte in der historischen Kaffeestube oder im sonnigen Garten genießen kann. Ein wirklich empfehlenswerter Ausflug für alle kulturhistorisch interessierten Hundebesitzer!

LAGE: Taufkirchener Str. 24, 85435 Erding
www.landkreis-erding.de
Anfahrt: A 94 bis Ausfahrt Pastetten, Erdinger Straße, dann B 388

Danksagung

Ich danke meinen Kolleginnen Stefanie Weiß und Julia Bobinger für die tatkräftige Unterstützung; Bettina Ktona und Johanna Uitz, die wunderbare Fotografien für dieses Buch beigesteuert haben; meinem Agenten Dr. Martin Brinkmann für die Vermittlung der schönen Aufgabe, ein Buch für und über Hunde zu schreiben; Frau Klingan und dem Team des Bruckmann Verlags für die einfühlsame und freundliche Betreuung des Buchprojekts; meinen Hunden Lilli und Gwendolin für die zahlreichen Abenteuer, die wir in München erleben durften und noch erleben, und ich danke Laura Bachmann, mit der man stets jede Krise im Autorendasein überwindet.

Außerdem danke ich allen Hundebesitzern, die mit ihren Hunden kameradschaftlich umgehen, die niemals an Leinen zerren, ihre Hunde nicht anschreien und sie schon gar nicht schlagen: Denn mir geht wirklich das Herz auf, wenn ich Hunde und Hundehalter treffe, die Freunde sind und in deren Beziehung der Hund eine andere Rolle übernehmen darf, als einfach nur stur Befehlen zu befolgen!

Impressum

Verantwortlich: Sabine Klingan
Redaktion: Anette Späth
Layout: Eva-Maria Klaffenböck
Cover- und Innengestaltung: Helene Schumacher
Umschlag gesamt: Alexander Knoll
Repro: Cromika
Kartografie: Bruckmann Kartographie, Heidi Schmalfuß
Herstellung: Bettina Schippel
Printed in Slovenia by Florjancic

Sind Sie mit diesem Titel zufrieden? Dann würden wir uns über Ihre Weiterempfehlung freuen. Erzählen Sie es im Freundeskreis, berichten Sie Ihrem Buchhändler, oder bewerten Sie bei Onlinekauf. Und wenn Sie Kritik, Korrekturen, Aktualisierungen haben, freuen wir uns über Ihre Nachricht an J. Berg Verlag, Postfach 40 02 09, D-80702 München oder per E-Mail an lektorat@verlagshaus.de

Unser komplettes Programm finden Sie unter

www.j-berg-verlag.de

In diesem Buch wird aus Gründen der besseren Lesbarkeit das generische Maskulinum verwendet. Weibliche und anderweitige Geschlechteridentitäten werden dabei ausdrücklich mitgemeint, soweit es für die Aussage erforderlich ist.

Empfehlung der Redaktion
Sie sind auf der Suche nach weiterführender Literatur? Dann empfehlen wir Ihnen den Titel »99 x Wohnmobilurlaub mit Hund« von Torsten Berning.

Bildnachweis
siehe Seite 7

Die Deutsche Nationalbibliothek verzeichnet diese Publikation in der Deutschen Nationalbibliografie; detaillierte bibliografische Daten sind im Internet über http://dnb.d-nb.de abrufbar.

Infanteriestraße 11a
80797 München

ISBN: 978-3-86246-678-8